Ian McEwan

Kindeswohl

Roman
*Aus dem Englischen von
Werner Schmitz*

Büchergilde Gutenberg

Titel der 2014 bei
Jonathan Cape Ltd., London,
erschienenen Originalausgabe: ›The Children Act‹
Copyright © 2014 by Ian McEwan
Die Gedichtzeilen aus W.B. Yeats' *Down by the Salley Gardens*
(Beim Weidengarten unten), in der Übersetzung
von Mirko Bonné, aus: W.B. Yeats, *Die Gedichte,*
Luchterhand Literaturverlag, München 2005
Die Rechte an der Nutzung der Übersetzung von
Mirko Bonné liegen beim Luchterhand Literaturverlag, München,
in der Verlagsgruppe Random House GmbH

Für Ray Dolan

Lizenzausgabe für die Büchergilde Gutenberg,
Frankfurt am Main, Zürich, Wien
www.buechergilde.de
Mit freundlicher Genehmigung
des Diogenes Verlags, Zürich
Alle deutschen Rechte vorbehalten
Copyright © 2015
Diogenes Verlag AG Zürich
Druck und Bindung: GGP Media GmbH, Pößneck
Printed in Germany 2015
ISBN 978 3 7632 6770 5

»In jeder Frage der Sorge für die Person eines Kindes ... hat das Wohl des Kindes dem Gericht als oberste Richtschnur zu dienen.«

Abschnitt 1 (a) des britischen *Children Act* 1989

1

London. Sonntagabend, eine Woche nach dem Ende der Gerichtsferien. Nasskaltes Juniwetter. Fiona Maye, Richterin am High Court, lag zu Hause auf der Chaiselongue und starrte über ihre bestrumpften Füße hinweg quer durch den Raum. Ihr Blick streifte den Rand der Einbauregale, den Kamin und, neben dem hohen Fenster, die winzige Renoir-Lithographie einer Badenden, die sie vor dreißig Jahren für fünfzig Pfund erworben hatte. Wahrscheinlich eine Fälschung. Darunter, in der Mitte eines runden Walnusstischs, eine blaue Vase. Keine Erinnerung, wie sie zu der gekommen war. Oder wann sie das letzte Mal Blumen darin hatte. Der Kamin seit einem Jahr nicht mehr angezündet. Auf dem Rost vergilbte Zeitungsknäuel, auf die sporadisch, mit einem tickenden Geräusch, rußgeschwärzte Regentropfen fielen. Ein Buchara-Läufer auf den breiten gewachsten Dielen. Am Rand des Blickfelds ein schwarz glänzender Stutzflügel, darauf Familienfotos in Silberrahmen. Auf dem Fußboden neben der Chaiselongue, in Reichweite, der Entwurf eines Urteils. Und Fiona lag rücklings da und wünschte das alles auf den Meeresgrund.

In ihrer Hand der zweite Scotch mit Wasser. Sie fühlte sich immer noch zittrig nach der schlimmen Szene mit ihrem Mann. Sie trank selten, aber der Talisker mit Leitungswasser war gerade Balsam für ihre Nerven, und sie überlegte, ob sie zur Anrichte gehen und sich ein drittes Glas einschenken sollte. Weniger Scotch, mehr Wasser, denn morgen hatte sie Gerichtstermine, und heute musste sie für dringende Fälle auf Abruf bereitstehen. Auch jetzt, wo sie sich auf der Chaiselongue von dem Gespräch erholte. Er hatte ihr mit seinem schockierenden Geständnis eine unzumutbare Bürde auferlegt. Zum ersten Mal seit Jahren hatte sie tatsächlich geschrien, und ein schwaches Echo klang ihr noch immer in den Ohren. »Du Idiot! Du verdammter *Idiot*!« Laut geflucht hatte sie seit ihren unbeschwerten Besuchen in Newcastle als Teenager nicht mehr, obwohl sich manchmal Kraftausdrücke in ihre Gedanken drängten, wenn sie sich eigennützige Falschaussagen oder juristische Haarspaltereien anhören musste.

Und gleich darauf hatte sie, keuchend vor Empörung, mindestens zweimal laut gesagt: »Wie kannst du es *wagen*!«

Das war schwerlich als Frage gedacht, aber er antwortete ruhig: »Ich brauche das. Ich bin neunundfünfzig. Das ist meine letzte Chance. Für ein Leben nach dem Tod fehlt meines Wissens bislang jeder Beweis.«

Eine prätentiöse Bemerkung, zu der ihr nichts eingefallen war. Sie starrte ihn nur an, womöglich mit offenem Mund. Erst jetzt auf der Chaiselongue, zu spät, hatte sie eine Antwort: »Neunundfünfzig? Jack, du bist *sechzig*! Wie erbärmlich, wie banal!«

Tatsächlich hatte sie nur lahm erwidert: »Das ist doch einfach lächerlich.«

»Fiona, wann haben wir das letzte Mal miteinander geschlafen?«

Ja, wann? Er hatte sie das schon öfter gefragt, mal klagend, mal gereizt. Aber es kann schwerfallen, sich an die ereignisreiche jüngere Vergangenheit zu erinnern. Am Familiengericht wimmelte es von seltsamen Meinungsverschiedenheiten, Berufungen auf Sonderfälle, vertraulichen Halbwahrheiten und bizarren Anschuldigungen. Und wie auf allen juristischen Gebieten mussten feinkörnige Einzelheiten der Sachverhalte im Höchsttempo memoriert und verarbeitet werden. Vorige Woche hatte sie die Schlussplädoyers im Scheidungsverfahren jüdischer Eheleute gehört, die, in ungleichem Maße orthodox, darüber stritten, wie ihre Töchter erzogen werden sollten. Die Endfassung ihres Urteils lag neben ihr auf dem Boden. Morgen würde eine verzweifelte Engländerin erneut vor ihr erscheinen, hager, blass, gebildet, Mutter eines fünfjährigen Mädchens. Trotz dem Gericht vorliegender gegenteiliger Zusicherungen war sie überzeugt, dass der Vater, ein marokkanischer Geschäftsmann und strenggläubiger Muslim, plante, die gemeinsame Tochter der britischen Gerichtsbarkeit zu entziehen und nach Rabat zu verbringen, wo er ein neues Leben anfangen wollte. Dazu die üblichen Rangeleien um den Wohnort der Kinder, um Häuser, Renten, Einkünfte, Erbschaften. Es waren die größeren Vermögen, die vor dem High Court landeten. Reichtum garantierte nur selten anhaltendes Glück. Eltern wurden sehr bald mit dem neuen Vokabular und den geduldigen Mühlen der Justiz vertraut und fanden sich auf einmal, zu ihrer Verblüffung, in erbitterter Fehde mit dem Menschen wieder, den sie einmal geliebt hatten. Und hinter den Kulissen warteten Jungen und Mädchen, in den Gerichtsakten nur mit Vornamen geführt, Bens und Sarahs, die sich ängstlich aneinanderklammerten, während die Götter über ihnen sich bis zur letzten Instanz zerfleischten, vom Familiengericht zum High Court bis zum Berufungsgericht, dem Court of Appeal.

All diesem Leid war vieles gemeinsam, viel allgemein Menschliches, aber es faszinierte sie immer noch. Sie war überzeugt, dass sie Rationalität in aussichtslose Situationen hineinbringen konnte. Im Großen und Ganzen glaubte sie an die Bestimmungen des Familienrechts. In optimistischen Momenten hielt sie es für einen Meilenstein des zivilisatorischen Fortschritts, dass der Gesetzgeber die Bedürfnisse der Kinder über die der Eltern gestellt hatte. Ihre Tage waren ausgefüllt, in letzter Zeit auch die Abende: diverse Essenseinladungen, in Middle Temple – einer der vier Anwaltskammern – ein Empfang für einen in Ruhestand gehenden Kollegen, ein Konzert in Kings Place (Schubert, Skrjabin), Taxifahrten, U-Bahnfahrten, Sachen von der Reinigung abholen, für den autistischen Sohn der Putzfrau einen Brief an eine Sonderschule aufsetzen, und schlafen. Wo war der Sex geblieben? Im Augenblick konnte sie sich nicht daran erinnern.

»Als ob ich Buch darüber führen würde.«

Er breitete die Hände aus: Keine weiteren Fragen.

Sie hatte ihn beobachtet, als er durchs Zimmer ging und sich einen Scotch einschenkte, den Talisker, den sie jetzt auch trank. Er drehte ihr den Rücken zu, und sie hatte ein kaltes Vorgefühl von Verstoßensein, von der Demütigung, für eine jüngere Frau verlassen zu werden, zurückgelassen zu werden, nutzlos und allein. Sie fragte sich, ob sie nicht einfach allem zustimmen sollte, was er verlangte, verwarf den Gedanken aber gleich wieder.

Er war mit dem Glas zu ihr zurückgekommen. Er bot ihr keinen Sancerre an wie sonst immer um diese Zeit.

»Was willst du, Jack?«

»Ich werde diese Affäre haben.«

»Du willst die Scheidung.«

»Nein. Ich will, dass alles bleibt wie es ist. Ohne dich zu hintergehen.«

»Das verstehe ich nicht.«

»Doch, das verstehst du. Hast du nicht selbst einmal gesagt, dass langverheiratete Paare immer mehr wie Geschwister miteinander leben? An diesem Punkt sind wir jetzt, Fiona. Ich bin dein Bruder geworden. Das ist schön und behaglich, und ich liebe dich, aber bevor ich tot umfalle, will ich noch eine große, leidenschaftliche Affäre haben.«

Er missverstand ihr Schnauben als Lachen, als Spott vielleicht, und sagte grob: »Ekstase, vor Erregung fast ohnmächtig werden. Erinnerst du dich? Ich will das noch ein letztes Mal, auch wenn du das nicht willst. Oder vielleicht ja doch.«

Sie starrte ihn ungläubig an.

»Da hast du's.«

Jetzt hatte sie endlich ihre Stimme wiedergefunden und ihm gesagt, was für ein Idiot er war. Sie war im Recht, da hatte sie nicht den geringsten Zweifel. Dass er ihr, soweit sie wusste, immer treu gewesen war, machte sein Ansinnen umso empörender. Oder falls er sie in der Vergangenheit betrogen hatte, dann offenbar äußerst geschickt. Den Namen der Frau kannte sie bereits. Melanie. Nicht unähnlich dem Namen einer tödlichen Form von Hautkrebs. Sie wusste, seine Affäre mit dieser achtundzwanzigjährigen Statistikerin konnte ihr Ende bedeuten.

»Wenn du das tust, ist es aus mit uns. So einfach ist das.«
»Ist das eine Drohung?«
»Ein feierliches Versprechen.«

Inzwischen hatte sie sich wieder gefangen. Und es schien ja auch wirklich einfach. Der richtige Augenblick, um eine offene Ehe vorzuschlagen, war vor der Hochzeit, nicht fünfunddreißig Jahre danach. Alles aufs Spiel zu setzen, nur damit er den flüchtigen Sinnenrausch noch einmal erleben konnte! Als sie sich so etwas für sich selbst vorzustellen versuchte – ihre »letzte Affäre« wäre ihre erste –, dachte sie nur an Störungen, heimliche Verabredungen, Enttäuschungen und Anrufe zur Unzeit. Das komplizierte Prozedere, bis man im Bett mit jemand Neuem zurechtkam, neu ersonnene Zärtlichkeiten, der ganze Schwindel. Und dann die Notwendigkeit, sich wieder zu lösen, die Anstrengung, offen und ehrlich zu sein. Und hinterher nichts mehr, wie es vorher war. Nein, sie zog ein unvollkommenes Dasein vor, dasjenige, das sie jetzt hatte.

Aber auf der Chaiselongue stieg es vor ihr auf, das wahre Ausmaß der Kränkung: dass er tatsächlich bereit war, für sein Vergnügen mit ihrem Elend zu bezahlen. Rücksichtslos. Sie hatte schon miterlebt, wie er seinen Willen auf Kosten anderer durchsetzte, meist im Dienst einer guten Sache. Das hier war neu. Was hatte sich verändert? Aufrecht hatte er dagestanden, breitbeinig, sich den Single Malt eingeschenkt und mit den Fingern der freien Hand einen Takt geschlagen, zu irgendeinem Song in seinem Kopf vielleicht, den er mit jemandem gehört hatte, aber nicht mit ihr. Ihr weh zu tun und sich nichts daraus zu machen – das war neu. Er war immer gütig gewesen, loyal und gütig, und Güte, das zeigte sich tagtäglich im Familiengericht, war das entscheidende menschliche Merkmal. Fiona besaß die Macht, herzlosen Eltern ein Kind wegzunehmen, und manchmal tat sie es. Aber sich selbst vor einem herzlosen Gatten zu schützen? Schwach und unglücklich, wie sie war? Wo war der Richter, der ihr zu Hilfe kam?

Selbstmitleid bei anderen machte sie verlegen, und für sie kam es schon gar nicht in Frage. Dann lieber einen dritten Scotch. Doch sie nahm nur ein paar symbolische Tropfen mit viel Wasser und ging zur Chaiselongue zurück. Ja, das war eins dieser Gespräche gewesen, bei dem sie hätte Notizen machen sollen. Um sich genau zu erinnern, um die Kränkung sorgfältig auszuloten. Auf ihre Drohung, die Ehe zu beenden, falls er mit seiner Affäre ernst mache, war ihm nichts Besseres eingefallen, als sich zu wiederholen, nochmals zu beteuern, dass er sie liebe, immer lieben werde, dass es für ihn nur dieses Leben gebe, dass seine unerfüllten sexuellen Bedürfnisse ihn todunglücklich machten, dass er jetzt diese eine Gelegenheit habe und sie mit ihrem Wissen und, so hoffe er, mit ihrer Zustimmung nutzen wolle. Er rede im Geist der Aufrichtigkeit mit ihr. Er hätte es auch »hinter ihrem Rücken« tun können. Ihrem schmalen, unversöhnlichen Rücken.

»Oh«, flüsterte sie. »Wie anständig von dir, Jack.«

»Na ja, also eigentlich ...«, sagte er und verstummte.

Sie nahm an, jetzt käme das Geständnis, dass die Affäre längst begonnen hatte, und das wollte sie nicht hören. Das hatte sie nicht nötig. Sie sah es ja. Da arbeitete eine hübsche Statistikerin an der Verringerung der Wahrscheinlichkeit, dass ein Mann zu seiner verbitterten Frau zurückkehrte. Sie sah einen sonnigen Morgen, ein fremdes Bad, darin Jack mit seiner noch recht sportlichen Figur, wie er sich auf seine ungeduldige Art ein halb aufgeknöpftes, frisches weißes Leinenhemd über den Kopf zog; ein anderes Hemd, achtlos Richtung Wäschekorb geworfen, hing noch an einem Ärmel an der Kante, ehe es auf den Fußboden fiel. Der Untergang. Es würde passieren, mit oder ohne ihre Zustimmung.

»Die Antwort lautet Nein.« Sie hatte die Stimme erhoben wie eine gestrenge Schulmeisterin. »Hast du denn was anderes erwartet?«

Sie fühlte sich hilflos und wollte nicht mehr weiterreden. Bis morgen musste sie ein Urteil für die Veröffentlichung im Familiengerichtsbulletin überarbeiten. Das weitere Schicksal zweier jüdischer Schulmädchen war mit der Entscheidung, die sie im Gericht verkündet hatte, bereits besiegelt, aber der Text musste noch geglättet und daraufhin durchgesehen werden, dass er ja keine religiösen Gefühle verletzte und somit Berufungsgründe bot. Draußen schlug Sommerregen an die Fenster; weiter weg, jenseits von Gray's Inn Square, zischten Reifen über nassen Asphalt. Er würde sie verlassen, und die Welt würde sich weiterdrehen.

Mit angespannter Miene zuckte er die Schultern, wandte sich ab und ging aus dem Zimmer. Beim Anblick seines Rückens überkam sie wieder diese kalte Angst. Am liebsten hätte sie ihm nachgerufen, doch die Furcht, ignoriert zu werden, hielt sie zurück. Und was hätte sie auch sagen sollen? Halt mich fest, küss mich, nimm das Mädchen. Sie hörte seine Schritte im Flur, ihre Schlafzimmertür ins Schloss fallen, dann nur noch Stille in der Wohnung, Stille und Regen, der seit einem Monat nicht aufhören wollte.

* * *

Zunächst die Tatsachen. Beide Parteien entstammten der ultraorthodoxen Gemeinde der Charedim im Norden Londons. Die Ehe der Bernsteins war von den Eltern arrangiert worden, Widerspruch dabei nicht zu erwarten gewesen. Arrangiert, nicht erzwungen, beteuerten beide Parteien in seltener Einmütigkeit.

Dreizehn Jahre später waren sich alle Beteiligten einig – Mediator, Sozialarbeiterin und Richterin mit eingeschlossen –, dass die Ehe nicht mehr zu retten war. Das Paar lebte jetzt getrennt. Mühsam teilten die beiden die Betreuung ihrer zwei Kinder zwischen sich auf. Rachel und Nora wohnten bei der Mutter und hatten regen Kontakt mit dem Vater. Der Verfall der Ehe hatte bereits in den ersten Jahren begonnen. Nach der schwierigen Geburt der zweiten Tochter, die einen radikalen medizinischen Eingriff erforderlich machte, konnte die Mutter nicht mehr schwanger werden. Der Vater hatte sich eine große Familie in den Kopf gesetzt: Das war der Anfang vom schmerzlichen Ende. Nach einer depressiven Phase (lang, sagte der Vater; kurz, sagte die Mutter) begann sie ein Studium an der Open University, erwarb einen ordentlichen Abschluss und trat, sobald die jüngere Tochter eingeschult war, eine Stelle als Grundschullehrerin an. Das passte weder dem Vater noch der zahlreichen Verwandtschaft. Bei den Charedim, die seit Jahrhunderten an ihren Traditionen festhielten, hatten Frauen Kinder zu erziehen, je mehr, desto besser, und sich um den Haushalt zu kümmern. Ein Universitätsabschluss und ein Beruf waren höchst ungewöhnlich. Das bekräftigte auch der ältere Herr, ein angesehenes Mitglied der Gemeinde, den der Vater als Zeugen benannt hatte.

Auch den Männern wurde nicht viel Ausbildung zuteil. Ab dem fünfzehnten Lebensjahr erwartete man von ihnen, dass sie den Großteil ihrer Zeit dem Studium der Thora widmeten. Im Allgemeinen gingen sie nicht zur Universität. Unter anderem deshalb hatten viele Charedim nur ein bescheidenes Auskommen. Nicht so die Bernsteins, wiewohl sich das nach Begleichung ihrer Anwaltsrechnungen ändern würde. Ein Großvater, Mitinhaber eines Patents für eine Olivenentkernungsmaschine, hatte dem Paar gemeinschaftlich Geld vermacht. Ihr gesamtes Vermögen würde für ihre jeweiligen Kronanwältinnen draufgehen, beide der Richterin gut bekannt. Oberflächlich betrachtet, ging es bei dem Streit um Rachels und Noras Schule. Auf dem Spiel aber stand der ganze Kontext, in dem die Mädchen aufwachsen sollten. Es war ein Kampf um ihre Seelen.

Charedische Jungen und Mädchen wurden, um ihre Reinheit zu bewahren, getrennt erzogen. Modische Kleidung, Fernsehen und Internet waren verboten, ebenso der Umgang mit Kindern, denen solche Zerstreuungen erlaubt waren. Besuche bei Familien, die die Koscher-Regeln nicht streng befolgten, waren tabu. Feste Bräuche bestimmten jeden Aspekt des Alltagslebens. Die Schwierigkeiten hatten mit der Mutter angefangen, die der Gemeinde den Rücken gekehrt hatte, wenn auch nicht dem Judentum. Gegen den Widerspruch des Vaters hatte sie die Mädchen bereits an einer gemischten jüdischen Oberschule angemeldet, wo Fernsehen, Popmusik, Internet und der Umgang mit nichtjüdischen Kindern gestattet waren. Zudem sollten die Mädchen über das sechzehnte Lebensjahr hinaus zur Schule gehen und danach, wenn sie wollten, zur Universität. In ihrer schriftlichen

Aussage erklärte sie, ihre Töchter sollten mehr darüber erfahren, wie andere Menschen lebten, sie sollten toleranter werden, Karrierechancen bekommen, die sie selbst nie hatte, sie sollten als Erwachsene finanziell unabhängig sein und die Möglichkeit haben, einen Mann mit einer guten Ausbildung kennenzulernen, der seinen Beitrag zum Unterhalt einer Familie leisten könne. Im Gegensatz zu ihrem Mann, der seine gesamte Zeit dem Studium der Schriften widmete und lediglich acht Stunden die Woche und ohne Bezahlung die Thora lehrte.

So vernünftig sie ihre Sache auch vortrug, Judith Bernstein – kantiges blasses Gesicht, krauser hellroter Haarschopf, gebändigt von einer riesigen blauen Spange – war im Gerichtssaal nicht leicht zu ertragen. Ständig schob sie ihrer Anwältin mit fahrigen, sommersprossigen Fingern Notizen zu, stöhnte gedämpft auf, verdrehte die Augen und schürzte die Lippen, wann immer die Anwältin ihres Mannes sprach, wühlte und stöberte in ihrer übergroßen, hellbraunen Lederhandtasche, entnahm ihr einmal am Tiefpunkt eines langen Nachmittags ein Päckchen Zigaretten und ein Feuerzeug – in den Augen ihres Mannes gewiss provokante Gegenstände – und legte sie vor sich hin, um sie griffbereit zu haben, wenn das Gericht sich vertagte. Fiona bekam das alles von ihrem erhöhten Sitz aus mit, ließ es sich aber nicht anmerken.

Mr Bernsteins schriftliche Aussage sollte die Richterin davon überzeugen, dass seine Frau eine Egoistin mit »Aggressionsbewältigungsproblemen« sei (im Familiengericht ein häufiger, oft gegenseitiger Vorwurf), die ihre Ehegelöbnisse nicht mehr ernst nehme, sich mit der Gemeinde und seinen Eltern streite und die Mädchen von ihnen abzuschotten versuche. Ganz im Gegenteil, sagte Judith im Zeugenstand, es seien ihre Schwiegereltern, die sie und ihre Kinder erst wieder sehen wollten, wenn sie auf den rechten Lebensweg zurückgefunden, der modernen Welt, einschließlich sozialer Medien, abgeschworen hätten und Judith wieder einen Haushalt führe, der nach deren Maßstäben koscher sei.

Mr Julian Bernstein, lang und dünn wie die Binsen, die einst den kleinen Moses bargen, beugte sich schüchtern über die Gerichtsakten, und seine Schläfenlocken bebten verdrossen, während seine Anwältin seiner Frau Unfähigkeit vorwarf, ihre eigenen Bedürfnisse von denen ihrer Kinder zu trennen. Was sie als deren Bedürfnisse ausgebe, sei das, was sie sich selbst wünsche. Sie reiße die Mädchen aus der Geborgenheit einer vertrauten, strikten, aber liebevollen Umgebung, deren Regeln und Vorschriften allen Wechselfällen des Lebens Rechnung trügen, deren Identität klar umrissen sei, deren Methoden sich über viele Generationen bewährt hätten und deren Mitglieder im großen Ganzen ein glücklicheres und erfüllteres Leben führten als die Menschen in der säkularen Konsumgesellschaft da draußen – einer Welt, die für das spirituelle Leben nur Hohn und Spott übrig habe und deren Massenkultur Mädchen und Frauen in den Schmutz ziehe. Mrs Bernsteins Wünsche seien leichtfertig, ihre Methoden respektlos, ja destruktiv. Sie liebe ihre Kinder weit weniger als sich selbst.

Worauf Judith mit belegter Stimme antwortete, nichts ziehe einen Menschen, ob Junge oder Mädchen, mehr in den Schmutz, als wenn man ihm eine ordentliche Ausbildung und die Würde anständiger Arbeit vorenthalte; ihre ganze Kindheit und frühe Jugend lang habe man ihr gesagt, ihr einziger Lebenszweck bestehe darin, ihrem Mann ein schönes Heim zu bereiten und für ihre Kinder zu sorgen – auch dies ziehe ihr Recht in den Schmutz, sich selbst ein Ziel im Leben zu setzen. Als sie, unter erheblichen Schwierigkeiten, an der Open University studiert habe, sei sie verlacht, verspottet und ausgestoßen worden. Sie habe sich vorgenommen, den Mädchen solcherlei zu ersparen.

Die Anwältinnen beider Seiten stimmten aus taktischen Gründen darin überein (denn die Richterin sah die Sache ganz eindeutig so), dass es hier nicht lediglich um eine Frage der Schulbildung ging. Das Gericht hatte, im Namen der Kinder, zu entscheiden zwischen totaler Religion und einer leichten Abweichung davon. Zwischen Kulturen, Identitäten, Gefühlslagen, Lebensentwürfen, Familienbeziehungen, fundamentalen Grundsätzen, elementaren Loyalitäten und unabsehbaren künftigen Entwicklungen.

In solchen Gemengelagen gab es immer eine latente Neigung zugunsten des Status quo, sofern dieser nicht schädlich schien. Fionas Urteilsentwurf, einundzwanzig Seiten lang, lag fächerartig ausgebreitet neben ihr auf dem Fußboden, Textseite nach unten, die Blätter warteten nur darauf, einzeln von ihr aufgehoben und mit weichem Bleistift korrigiert zu werden.

Kein Geräusch aus dem Bad, nichts als das Surren des Verkehrs im Regen. Sie ärgerte sich über sich selbst, dass sie mit gespitzten Ohren und angehaltenem Atem auf ihn lauschte, auf das Knarren einer Tür oder Diele. Sie sehnte sich danach, ihr graute davor.

Richterkollegen lobten Fiona Maye, selbst in ihrer Abwesenheit, ob ihrer klaren, beinahe ironischen, beinahe warmherzigen Prosa und der Knappheit, mit der sie einen Streitfall darzulegen vermochte. Der Lordoberrichter persönlich hatte einmal beim Lunch beiläufig über sie gesagt: »Göttliche Distanz, teuflische Klugheit, und dabei immer schön.« Sie selbst fand, dass sie von Jahr zu Jahr mehr zu einer Genauigkeit neigte, die manch einer Pedanterie genannt hätte, sie bemühte sich um unanfechtbare Definitionen, die eines Tages, wer weiß, nicht minder zitierfähig wären als die von Hoffmann in Sachen Piglowska gegen Piglowski oder von Bingham oder Ward oder dem unverzichtbaren Scarman, auf die sie hier alle zurückgegriffen hatte. Hier, das war die noch nicht korrigierte erste Seite, die sie schlaff in den Fingern hielt. Stand ihr Leben vor einer Umwälzung? Würden Anwälte aller Kammern demnächst beim Lunch hier in Gray's oder in Lincoln's Inn oder in Inner oder Middle Temple ehrfürchtig flüstern: *Und dann hat sie ihn vor die Tür gesetzt?* Vor die Tür der bezaubernden Wohnung am Gray's Inn Square, wo sie allein und einsam sitzen würde, bis die Miete oder die Jahre, beide träge anschwellend wie die Themse bei Flut, am Ende auch sie hinausgeschwemmt hätten?

Zur Sache. Erster Abschnitt: ›Hintergrund‹. Nach Routineerläuterungen zur Wohnsituation der Familie, Aufenthaltsort der Kinder und Kontakt zum Vater beschrieb sie in einem gesonderten Absatz die Gemeinschaft der Charedim, deren Leben vollständig von der Ausübung ihrer Religion bestimmt sei. Die Unterscheidung zwischen dem, was des Kaisers und was Gottes ist, sei für sie fast ebenso bedeutungslos wie für fromme Muslime. Ihr Bleistift blieb in der Schwebe. Muslime und Juden in einem Atemzug zu nennen, könnte das als überflüssig oder provozierend aufgefasst werden, zumindest vom Vater? Nur wenn er unvernünftig war, und dafür hielt sie ihn nicht. Bleibt.

Ihr zweiter Abschnitt trug die Überschrift ›Moralische Differenzen‹. Das Gericht sah sich vor der Aufgabe, über die Erziehung der zwei Mädchen zu entscheiden, Wertvorstellungen gegeneinander abzuwägen. Und in Fällen wie diesem war der Verweis auf das, was in der Gesellschaft allgemein akzeptiert war, wenig hilfreich. An dieser Stelle zitierte sie Lord Hoffmann. »Hierbei handelt es sich um Werturteile, über die vernünftige Menschen unterschiedliche Meinungen haben können. Da Richter auch Menschen sind, ist ein gewisses Maß an Unterschieden in der Anwendung von Wertmaßstäben unausbleiblich...«

Auf dem Rest der Seite – in letzter Zeit entwickelte sie eine Vorliebe für gründliche, anspruchsvolle Exkurse – widmete Fiona zunächst einige hundert Wörter einer Definition von Wohlergehen sowie einer Erörterung der Kriterien, an denen Wohlergehen zu messen sei. Dabei hielt sie sich an Lord Hailsham, dem zufolge dieser Begriff untrennbar mit dem des Wohlbefindens verbunden war und alles in sich schloss, was für die Persönlichkeitsentwicklung eines Kindes von Bedeutung sein konnte. Mit Tom Bingham bekannte sie sich zu ihrer Pflicht, mittel- und langfristig zu denken, ein Kind von heute, merkte sie an, könne durchaus bis ins zweiundzwanzigste Jahrhundert leben. Sie zitierte ein Urteil von Lordrichter Lindley aus dem Jahre 1893, wonach Wohlergehen nicht unter rein finanziellen Gesichtspunkten oder ausschließlich im Hinblick auf physisches Wohlbefinden zu bemessen sei. Es gehe ihr um eine möglichst breite Betrachtungsweise. Wohlergehen, Glück, Wohlbefinden sollten die philosophische Vorstellung vom guten Leben umfassen. Sie zählte einige Elemente auf, mögliche Ziele der Entwicklung eines Kindes. Ökonomische und moralische Freiheit, Anstand, Mitgefühl und Altruismus, befriedigende, anspruchsvolle Arbeit, ein gedeihendes Netzwerk persönlicher Beziehungen, das Erlangen von Ansehen, das Streben nach einem höheren Sinn des eigenen Daseins und im Zentrum all dessen eine oder mehrere wichtige Beziehungen, die im Wesentlichen von Liebe bestimmt sind.

Ja, in dieser Hauptsache hatte sie selbst versagt. Der verwässerte Scotch stand unberührt neben ihr, der Anblick der harngelben Flüssigkeit und ihr aufdringlicher Korkgeruch stießen sie jetzt ab. Eigentlich sollte sie zorniger sein, sie sollte mit einer alten Freundin reden – sie hatte mehrere –, sie sollte ins Schlafzimmer marschieren und Klarheit verlangen. Aber sie fühlte sich zusammengeschrumpft auf einen geometrischen Punkt, auf ein nervöses Pflichtgefühl. Ihr Urteil musste bis morgen druckfertig sein, sie musste arbeiten. Ihr Privatleben bedeutete nichts. Oder sollte nichts bedeuten. Ihre Aufmerksamkeit sprang zwischen dem Blatt in ihrer Hand und der fünfzehn Meter entfernten, geschlossenen Schlafzimmertür hin und her. Sie zwang sich, einen langen Absatz zu lesen, einen, an dem ihr in dem Augenblick, als sie ihn im Gerichtssaal vorgetragen hatte, Zweifel gekommen waren. Aber was konnte es schaden, das Offensichtliche klar und deutlich auszusprechen? Wohlbefinden war etwas Soziales. Das komplizierte Gewebe der Beziehungen eines Kindes zu Familie und Freunden war das Entscheidende. Kein Kind eine Insel. Der Mensch ein soziales Lebewesen, in Aristoteles' berühmter Wendung. Mit vierhundert Wörtern zu diesem Thema stach sie in See, zahlreiche gelehrte Anspielungen (Adam Smith, John Stuart Mill) bauschten ihre Segel. Genau der kultivierte Rückenwind, den jedes gute Urteil braucht.

Sodann: Wohlbefinden war ein *variabler* Begriff, der nach den Maßstäben vernünftiger Männer und Frauen von heute zu beurteilen war. Was einer früheren Generation noch genügt hatte, reichte heutzutage vielleicht nicht mehr. Im Übrigen war es nicht Sache eines weltlichen Gerichts, religiöse Konflikte oder theologische Differenzen zu entscheiden. Alle Religionen verdienten gleichermaßen Respekt, vorausgesetzt, sie waren, mit Lordrichter Purchas zu sprechen, »rechtlich und gesellschaftlich akzeptabel«, und nicht, in Lordrichter Scarmans dunklerer Formulierung, »unmoralisch oder gesellschaftlich anstößig«.

Was Interventionen gegen die religiösen Grundsätze der Eltern anging, waren Gerichte zu größter Zurückhaltung verpflichtet. Manchmal mussten sie, im Interesse des Kindes, eingreifen. Aber wann? Sie zitierte einen ihrer Lieblinge, den weisen Lordrichter Munby vom Court of Appeal. »Die unendliche Vielfalt menschlicher Lebensbedingungen schließt willkürliche Festlegungen aus.« Die hübsche Shakespeare-'sche Note. *Das Alter kann sie nicht welken noch Gewohnheit schal machen ihre unendliche Vielfalt.* Die Worte warfen sie aus der Bahn. Sie kannte die Rede des Enobarbus auswendig, hatte die Rolle als Studentin gespielt (das ganze Stück war nur mit Frauen besetzt), an einem sonnigen Mittsommernachmittag auf einem Rasen in Lincoln's Inn Fields. Kurz nachdem ihr die Last des Anwaltsexamens vom schmerzenden Rücken genommen worden war. Um diese Zeit hatte Jack sich in sie verliebt, und wenig später sie sich in ihn. Zum ersten Mal miteinander geschlafen hatten sie in einer geborgten Mansarde, unter einem in der Nachmittagssonne glühenden Dach. Ein Bullaugenfenster, das sich nicht öffnen ließ, gewährte Aussicht nach Osten, auf ein Stück Themse kurz vor dem Pool of London.

Sie dachte an seine zukünftige oder jetzige Geliebte, seine Statistikerin, Melanie – sie hatte sie einmal gesehen –, eine stille junge Frau mit Bernsteinkette und einer Vorliebe für die Art von Stilettos, die alte Eichenfußböden ruinieren konnten. *Andre Weiber sätt'gen, die Lust gewährend: Sie macht hungrig, je reichlicher sie schenkt.* Vielleicht würde es genau so sein, eine unheilvolle Obsession, eine Sucht, die ihn von zu Hause forttrieb, ihn bis zur Unkenntlichkeit verformte, ihre gemeinsame Vergangenheit und Zukunft verzehrte und die Gegenwart dazu. Oder aber Melanie fiel, wie Fiona es eindeutig tat, in die Kategorie »andre Weiber«, die sättigen – und in zwei Wochen wäre er wieder da, Appetit gestillt, und würde Pläne für den Familienurlaub schmieden.

So oder so, es war unerträglich.

Unerträglich und faszinierend. Und irrelevant. Sie zwang sich, zu ihrem Text zurückzukehren, zu ihrer Zusammenfassung der Aussagen beider Parteien – konzise und nüchtern verständnisvoll. Dann gab sie das Gutachten der vom Gericht bestellten Sozialarbeiterin wieder. Eine mollige, wohlmeinende junge Frau, die oft außer Atem geriet. Zerzaustes Haar, die aufgeknöpfte Bluse nicht eingesteckt, chaotisch, zweimal verspätet erschienen, angeblich wegen irgendwelcher Komplikationen mit Autoschlüsseln und Dokumenten, die sie in ihrem Auto eingeschlossen hatte, und eines Kinds, das sie von der Schule abholen musste. Aber statt des üblichen Herumeierns und Ja-keine-Seite-verärgern-Wollens hatte die Frau vom Jugendamt einen sachlichen und geradezu prägnanten Bericht abgeliefert, aus dem Fiona zustimmend zitierte. Nächster Punkt?

Sie sah auf und erblickte am anderen Ende des Zimmers ihren Mann, der sich noch einen Scotch einschenkte, einen großen, drei Fingerbreit, vielleicht vier. Er war jetzt barfuß, so lief er, der akademische Bohemien, im Sommer oft zu Hause herum. Daher sein lautloses Eintreten. Wahrscheinlich hatte er auf dem Bett gelegen, eine halbe Stunde lang den ziselierten Stuck an der Decke betrachtet und über ihre Unvernunft nachgegrübelt. Die Spannung seiner hochgezogenen Schultern, die Art, wie er den Korken wieder einschlug – ein Stoß mit dem Handballen –, verriet, dass er auf Streit aus war. Sie kannte die Zeichen.

Er wandte sich um und kam mit seinem unverdünnten Scotch auf sie zu. Die jüdischen Mädchen, Rachel und Nora, mussten warten und wie christliche Engel hinter ihr schweben. Die für sie zuständige weltliche Gottheit hatte ihre eigenen Probleme. Von ihrer niedrigen Chaiselongue aus konnte sie diskret seine Zehennägel betrachten – sauber geschnitten und gepflegt, helle jugendliche Halbmonde, nichts von den Pilzschlieren, die ihre eigenen Zehen verunstalteten. Er hielt sich in Form mit Tennis an der Uni und einem Satz Hanteln in seinem Arbeitszimmer, hundertmal Hantelnheben im Laufe des Tages, das hatte er sich vorgenommen. Sie tat nicht viel mehr, als ihre Aktentasche durchs Gerichtsgebäude in ihr Büro zu schleppen, wobei sie immerhin die Treppe benutzte, nicht den Aufzug. Er war auf eine widerborstige Art gutaussehend, das kantige Kinn ein wenig schief, dazu ein breites, zu allem bereites Grinsen im Gesicht, das seine Studenten – unter einem Professor für Alte Geschichte stellte man sich gemeinhin keinen Lebemann vor – für ihn einnahm. Es wäre ihr nie eingefallen, dass er mit diesen Mädchen etwas haben könnte. Jetzt schien alles anders. Vielleicht war sie trotz ihrer lebenslangen Beschäftigung mit menschlichen Schwächen naiv geblieben, blauäugig hatte sie sich selbst und Jack für Ausnahmen von der Regel gehalten. Mit seinem einzigen Buch für eine nicht-akademische Leserschaft, einer flott geschriebenen Caesar-Biographie, war er für kurze Zeit beinahe berühmt geworden, auf eine dezente, ehrbare Weise. Womöglich hatte sich da irgendein naseweises kleines Luder an ihn herangemacht. Sein Büro war, früher jedenfalls, mit einem Sofa ausgestattet. Und mit einem Türhänger, *ne pas déranger*, den sie vor Ewigkeiten, am Ende ihrer Flitterwochen, aus dem Hôtel de Crillon hatten mitgehen lassen. Diese Gedanken waren neu, so fraß sich der Wurm des Argwohns in die Vergangenheit.

Er nahm auf dem Sessel neben ihr Platz. »Du konntest meine Frage vorhin nicht beantworten, also sag ich's dir. Vor sieben Wochen und einem Tag. Sei ehrlich, ist dir das genug?«

»Hat diese Affäre schon angefangen?«, erwiderte sie ruhig.

Er wusste, dass man eine schwierige Frage am besten mit einer Gegenfrage beantwortete. »Meinst du, wir sind zu alt? Ist es das?«

Sie sagte: »Weil, wenn es schon angefangen hat, kannst du deine Sachen packen und gehen.«

Ein unbedachter, selbstzerstörerischer Schachzug, ihr Turm gegen seinen Springer, aberwitzig, der Rückweg abgeschnitten. Wenn er blieb: Demütigung. Wenn er ging: der Abgrund.

Er ließ sich in seinen Sessel zurücksinken, ein mit Messingnägeln beschlagenes Ledermonstrum, das an mittelalterliche Folterinstrumente erinnerte. Sie hatte noch nie etwas für Neogotik übriggehabt, und noch nie so wenig wie jetzt. Er schlug die Beine übereinander, legte den Kopf schief und sah sie an, nachsichtig oder mitleidig, und sie wandte sich ab. Sieben Wochen und ein Tag klang auch irgendwie nach Mittelalter, wie aus dem Erlass eines alten Assisengerichts. Ihr kam der beunruhigende Gedanke, dass seine Klage vielleicht berechtigt war. Lange Jahre hatten sie ein anständiges Sexleben gehabt, regelmäßig und lustvoll unkompliziert, an Wochentagen frühmorgens gleich nach dem Aufwachen, bevor die alles erdrückenden Tagesgeschäfte sich durch die schweren Schlafzimmervorhänge drängten. An Wochenenden nachmittags, manchmal nach dem Tennis, geselligen Doppeln am Mecklenburgh Square. Das ließ alle Schelte für die verpatzten Schläge des Partners vergessen. Ja, ein höchst angenehmes Liebesleben, auch zweckmäßig, insofern, als es sie geschmeidig in den Rest ihres Daseins entließ; und nie wurde ein Wort darüber verloren, auch das war schön daran. Nicht einmal ein Vokabular hatten sie dafür – einer der Gründe, warum es ihr weh tat, ihn jetzt davon reden zu hören, und warum sie das langsame Schwinden von Leidenschaft und Häufigkeit kaum bemerkt hatte.

Aber sie hatte ihn immer geliebt, war immer zärtlich, loyal und aufmerksam gewesen, erst letztes Jahr hatte sie ihn liebevoll gepflegt, als er sich bei einem lächerlichen Skirennen mit alten Schulfreunden in Méribel Bein und Unterarm gebrochen hatte. Sie erinnerte sich jetzt, sie hatte ihn verwöhnt, sich rittlings auf ihn gesetzt, während er grinsend in der weißen Pracht seiner Gipsverbände dalag. Sie wusste nicht, wie sie solche Dinge zu ihrer Verteidigung vorbringen sollte, und im Übrigen griff er sie auch nicht deswegen an. Nicht an Hingabe mangelte es ihr, sondern an Leidenschaft.

Und dann das Alter. Nicht das endgültige Hinwelken, noch nicht, aber es begann sich abzuzeichnen, so wie man in einem gewissen Licht im Gesicht eines Zehnjährigen schon den Erwachsenen erkennen kann. Wenn Jack, wie er sich da in seinem Sessel flätzte, in diesem Gespräch einen absurden Anblick bot, wie viel absurder musste sie erst ihm erscheinen. Seine weiße Brustbehaarung, auf die er immer noch stolz war, quoll über dem obersten Hemdknopf hervor und verkündete lediglich, dass sie nicht mehr schwarz war; das nach dem bekannten Muster mönchisch gelichtete Haupthaar hatte er sich, ein wenig überzeugender Ausgleich, lang wachsen lassen; die abgemagerten Unterschenkel, die seine Jeans nicht mehr richtig ausfüllten; seine Augen, in denen schon eine Ahnung künftiger Leere flackerte, und passend dazu die leicht eingefallenen Wangen. Was machte es also schon, dass in neckischem Gegenzug ihre Knöchel immer dicker wurden, ihr Hinterteil anschwoll wie eine Quellwolke im Sommer, ihr Hüftumfang zunahm und ihr Zahnfleisch zurückging? Das alles nach wie vor in paranoiden Millimetern. Weit schlimmer aber noch die besondere Kränkung, die das Alter gewissen Frauen vorbehielt: die Abwärtsbewegung der Mundwinkel hin zu einem Ausdruck von ständigem Tadel. Das mochte einer Richterin stehen, die finstere Blicke in den Gerichtssaal warf. Aber einer Geliebten?

Und hier saßen sie wie die Teenager und schickten sich an, im Namen des Eros übereinander zu debattieren.

Taktisch klug, ignorierte er ihr Ultimatum. Stattdessen sagte er: »Wir sollten nicht aufgeben, finde ich. Du?«

»Du bist es, der weggeht.«

»Ich denke, du hast auch deinen Anteil daran.«

»Ich bin nicht drauf und dran, unsere Ehe kaputtzumachen.«

»Das sagst du.«

Er sprach das sachlich aus, schleuderte die drei Wörter tief in die Höhle ihrer Selbstzweifel, er kannte ihren Hang, bei so peinlichen Konflikten wie diesem stets davon auszugehen, dass sie irgendwie im Unrecht sein musste.

Er nahm einen bedächtigen Schluck von seinem Scotch. Er würde sich nicht betrinken, um auf seine Bedürfnisse zu pochen. Er würde ernst und rational bleiben, wo es ihr lieber gewesen wäre, wenn er sich polternd ins Unrecht setzte.

Er wich ihrem Blick nicht aus. »Du weißt, dass ich dich liebe.«

»Aber du hättest gern eine Jüngere.«

»Ich hätte gern ein Sexleben.«

Ihr Stichwort: Jetzt müsste sie feurige Versprechungen abgeben, ihn zu sich zurücklocken, um Verzeihung dafür bitten, dass sie zu beschäftigt, zu müde oder oft schlicht nicht da war. Aber sie sah weg und sagte nichts. Sie dachte gar nicht daran, unter Druck eine Erotik wiederzuentfachen, auf die sie in diesem Augenblick nicht die geringste Lust hatte. Zumal sie argwöhnte, dass die Affäre längst begonnen hatte. Er hatte sich nicht die Mühe gemacht, es abzustreiten, und sie würde nicht noch einmal fragen. Nicht nur aus Stolz. Ihr graute noch immer vor seiner Antwort.

»Nun«, sagte er nach beiderseitigem langem Schweigen. »Du nicht?«

»Nicht mit dieser Pistole am Kopf.«

»Soll heißen?«

»Ich bessere mich, oder du gehst zu Melanie.«

Sie nahm an, er habe sie durchaus verstanden, aber den Namen der Frau aus ihrem Mund hören wollen. Sie hatte ihn nie zuvor ausgesprochen. Der Name löste ein Zittern aus, eine Verhärtung seiner Züge, ein hilflos erregtes kleines Zucken. Oder war es ihr unverhülltes »du gehst«? Hatte sie ihn schon verloren? Plötzlich war ihr schwindlig, als sei ihr Blutdruck erst abgefallen und dann hochgeschnellt. Sie stemmte sich auf der Chaiselongue hoch und legte das Blatt des Urteilsentwurfs, das sie immer noch in der Hand hielt, auf den Teppich.

»Davon kann keine Rede sein«, sagte er. »Sieh's mal von der anderen Seite. Angenommen, du wärst an meiner Stelle und ich an deiner. Was würdest du tun?«

»Ich würde nicht losziehen und mir einen Mann suchen und dann mit dir in Verhandlungen treten.«

»Sondern?«

»Ich würde versuchen herauszufinden, was dich quält.«

Ihre Stimme klang spröde in ihren Ohren.

Er gestikulierte breit mit beiden Händen. »Gut!« Die sokratische Methode, wie er sie zweifellos bei seinen Studenten anwandte. »Also, was quält dich?«

Bei aller Dummheit und Unaufrichtigkeit dieses Wortwechsels war dies die einzig triftige Frage, und sie selbst hatte sie heraufbeschworen; aber da sie sich verunsichert und herablassend behandelt fühlte, antwortete sie fürs Erste nicht, sondern sah an ihm vorbei zu dem Flügel, auf dem sie seit zwei Wochen kaum gespielt hatte, und den dort feudal aufgereihten Fotos in ihren Silberrahmen. Beide Elternpaare, vom Hochzeitstag bis zum Greisenalter, seine drei Schwestern, ihre zwei Brüder, deren ehemalige und jetzige Ehefrauen und -männer (sie hatten, nicht eben loyal, niemanden ausrangiert), elf Neffen und Nichten sowie die dreizehn Kinder, die diese wiederum gezeugt hatten. Beschleunigtes Leben, zu Dorfstärke angewachsen, zusammengedrängt auf einem Stutzflügel. Sie und Jack hatten nichts dazu beigetragen, niemanden, allenfalls Familienfeiern, fast wöchentliche Geburtstagsgeschenke, generationenübergreifende Urlaube in nicht allzu teuren Schlössern. Oft hatten sie in ihrer Wohnung Familienmitglieder zu Gast. Am Ende des Flurs befand sich ein begehbarer Kleiderschrank, dort eingelagert Klappbettchen, Hochstuhl, Laufstall und drei Körbe voll zerkauten und verschossenen Spielzeugs für die nächsten Nachkömmlinge. Und das Schloss dieses Sommers, zehn Meilen nördlich von Ullapool, wartete auf ihre Entscheidung. Der schlecht gedruckten Broschüre zufolge verfügte es über einen Festungsgraben, eine funktionierende Zugbrücke und ein Verlies mit Haken und Eisenringen in der Wand. Die Folterkammern von gestern waren heute ein Nervenkitzel für die Unter-Zwölfjährigen. Wieder fiel ihr das mittelalterliche Strafmaß ein, sieben Wochen und ein Tag, eine Zeitspanne, die mit der Schlussphase des Falls der siamesischen Zwillinge begonnen hatte.

Den ganzen furchtbaren Jammer, und das Dilemma an sich, zeigte schon das Foto, das der Richterin vorgelegt wurde und niemandem sonst. Die neugeborenen Söhne jamaikanisch-schottischer Eltern in einem Gewirr von lebenserhaltenden Apparaten auf der Intensivstation einer Kinderklinik; vom Becken aufwärts bis zum Hals zusammengewachsen, die gespreizten Beine im rechten Winkel vom Rückgrat abstehend, der Gesamteindruck der eines vielarmigen Seesterns. Einer am Inkubator angebrachten Messlatte war zu entnehmen, dass dieses hilflose, allzu menschliche Gebilde sechzig Zentimeter lang war. Beider Rückenmark und die unteren Enden der Wirbelsäulen waren miteinander verschmolzen, ihre Augen geschlossen, vier Arme emporgereckt in fatalistischer Erwartung der Entscheidung des Gerichts. Ihre Apostelnamen, Matthew und Mark, hatten in manchen Kreisen nicht gerade zu klarem Denken beigetragen. Matthews Kopf war aufgedunsen, seine Ohren bloße Dellen in rosiger Haut. Marks Kopf unter dem Wollmützchen war normal. Sie hatten nur ein Organ gemeinsam, die Blase, die größtenteils in Marks Unterleib lag und die sich, wie ein Gutachter schrieb, »spontan und ungehindert über zwei getrennte Harnröhren« entleerte. Matthews Herz war groß, schlug aber »äußerst schwach«. Marks Aorta mündete in die von Matthew, und es war Marks Herz, das sie beide am Leben erhielt. Matthews Gehirn wies gravierende Missbildungen auf, die keine normale Entwicklung zuließen, im Brustkorb hatte er kein funktionstüchtiges Lungengewebe. Wie eine Krankenschwester es ausdrückte: »Er kriegt noch nicht mal genug Luft, um zu schreien.«

Mark saugte normal und ernährte sie beide; er atmete für sie beide und tat auch sonst »die ganze Arbeit«, weshalb er stark abmagerte. Matthew, der nichts tat, nahm zu. Sich selbst überlassen, würde Marks Herz früher oder später vor Überanstrengung versagen, und beide müssten sterben. Matthews Lebenswartung betrug maximal sechs Monate. Wenn er starb, würde er seinen Bruder mit in den Tod reißen. Ein Londoner Krankenhaus beantragte dringend die Genehmigung, die Zwillinge zu trennen, nur so konnte Mark gerettet werden, der Chancen hatte, sich normal und gesund zu entwickeln. Dafür müssten die Chirurgen die gemeinsame Aorta abklemmen und dann durchtrennen – und damit Matthew töten. Anschließend würden sie an Mark eine komplizierte Reihe rekonstruktiver Maßnahmen durchführen. Die Eltern, fromme Katholiken aus einem Dorf an der Nordküste Jamaikas und fest im Glauben verwurzelt, betrachteten das als Mord und verweigerten ihre Zustimmung. Das Leben kam von Gott, und nur Gott durfte es nehmen.

Wenn sie daran zurückdachte, war da, unter anderen Erinnerungen, ein anhaltender schrecklicher Lärm, der gegen ihre Konzentration anschrillte, tausend Autoalarmanlagen, tausend hysterische Hexen – das Realität gewordene Klischee von den schreienden Schlagzeilen. Ärzte, Priester, Fernseh- und Radiomoderatoren, Leitartikler, Kollegen, Verwandte, Taxifahrer, die ganze Nation, jeder hatte eine Meinung. Die Elemente der Geschichte waren aber auch unwiderstehlich: tragische Babys, herzensgute, ernste und eloquente Eltern, die einander nicht weniger liebten als ihre Kinder, Leben,

Liebe, Tod und ein Wettlauf gegen die Zeit. Maskierte Chirurgen hier, der Glaube an Übernatürliches da. Am einen Ende des Meinungsspektrums die säkularen Pragmatiker, die für juristische Spitzfindigkeiten wenig übrighatten und eine einfache moralische Gleichung aufstellten: Ein gerettetes Kind ist besser als zwei tote. Am anderen Ende jene, die nicht nur von Gottes Existenz überzeugt waren, sondern auch davon, seinen Willen zu kennen. Lordrichter Ward zitierend, erinnerte Fiona in den ersten Zeilen ihres Urteils alle Parteien: »Dieses Gericht urteilt nach dem Gesetz, nicht nach moralischen Gesichtspunkten, und unsere Aufgabe war es, die für den vorliegenden – einzigartigen – Fall relevanten Rechtsprinzipien zu ermitteln und anzuwenden.«

Dieses fatale Ringen konnte nur *ein* wünschenswertes, oder weniger unerwünschtes, Ergebnis haben, aber ein juristisch einwandfreier Weg dorthin war nicht leicht zu finden. Und sie hatte, unter Zeitnot und belauert von einer lärmenden Welt, in knapp einer Woche und dreizehntausend Wörtern, einen gangbaren Weg gefunden. Zumindest schien das Court of Appeal, das in noch kürzerer Frist, schon einen Tag nach ihrem Richterspruch, entscheiden musste, dies auch so zu sehen. Freilich durfte das keinesfalls bedeuten, dass ein Leben mehr wert sei als ein anderes. Die Zwillinge trennen hieß Matthew töten. Sie nicht zu trennen würde durch Unterlassung beide töten. Der juristische und moralische Spielraum war eng, und die Entscheidung konnte nur als Wahl des geringeren Übels dargestellt werden. Die Richterin hatte indes auch an Matthews Interessen zu denken. Was war das Beste für ihn? Eindeutig nicht der Tod. Aber Leben war auch keine Option. Er besaß nur ein rudimentäres

Gehirn, keine Lungen, ein nutzloses Herz, litt wahrscheinlich Schmerzen und würde ohnehin sterben, und zwar bald.

Fionas Argumentation fußte auf einer nie dagewesenen Formulierung, die vom Court of Appeal akzeptiert wurde: Im Gegensatz zu Mark habe Matthew keine Interessen.

Doch selbst wenn das kleinere Übel vorzuziehen war, konnte es immer noch gesetzwidrig sein. Wie war Mord – Matthews Körper aufschneiden und eine Aorta durchtrennen – zu rechtfertigen? Fiona verwarf den Gedanken, den der Anwalt der Klinik ihr nahelegte, dass eine Trennung der Zwillinge gleichbedeutend sei mit dem Abstellen einer lebenserhaltenden Maschine für Matthew, wobei diese eben sein Bruder Mark sei. Die Operation war zu invasiv, ein zu großer Eingriff in Matthews körperliche Integrität, als dass man von Nichtfortführung der Behandlung sprechen konnte. Stattdessen fand sie ein Argument in der »Doktrin der Notwendigkeit«, einer im angelsächsischen Recht etablierten Idee, wonach man unter bestimmten Umständen, die kein Parlament jemals genauer festlegen wollen würde, gegen das Strafgesetz verstoßen durfte, um ein größeres Übel zu verhindern. Sie bezog sich auf einen Fall, in dem eine Handvoll Männer ein Flugzeug nach London entführt und die Passagiere in Angst und Schrecken versetzt hatte; sie waren freigesprochen worden, weil sie die Tat begangen hatten, um politischer Verfolgung in ihrem Heimatland zu entgehen.

Was die alles entscheidende Frage des Vorsatzes anbetraf, so bestand der Zweck der Operation nicht darin, Matthew zu töten, sondern Mark zu retten. Matthew, in all seiner Ohnmacht, tötete Mark, und den Ärzten musste erlaubt sein,

Mark zu helfen und die tödliche Bedrohung abzuwehren. Matthew würde nach der Trennung nicht deshalb zu leben aufhören, weil er vorsätzlich ermordet wurde, sondern weil er von allein nicht lebensfähig war.

Das Court of Appeal bestätigte die Entscheidung, wies die Berufung der Eltern zurück, und zwei Tage später, um sieben Uhr morgens, wurden die Zwillinge in den Operationssaal gebracht.

Einige Kollegen, die sie besonders schätzte, suchten sie auf und gratulierten oder schrieben ihr Briefe von der Sorte, die man in einem besonderen Ordner aufbewahrt. Insider fanden ihr Urteil elegant und korrekt. Mark wurde erfolgreich operiert, das Interesse der Öffentlichkeit schwand und wandte sich anderem zu. Aber sie war nicht zufrieden, konnte den Fall nicht auf sich beruhen lassen, lag nachts stundenlang wach, wälzte die Details hin und her, formulierte einzelne Passagen ihres Urteils um und suchte nach neuen Argumenten. Oder sie grübelte über vertraute Themen nach, nicht zuletzt über ihre Kinderlosigkeit. Zur selben Zeit begannen in kleinen pastellfarbenen Umschlägen die giftigen Gedanken der Gottesfürchtigen einzutreffen. Sie waren der Ansicht, man hätte beide Kinder sterben lassen müssen, sie waren mit ihrer Entscheidung ganz und gar nicht einverstanden. Manche wurden verbal ausfällig, manche drohten ihr mit Gewalt. Einige behaupteten, sie wüssten, wo sie wohne.

Diese angespannten Wochen waren nicht spurlos an ihr vorübergegangen, erst seit kurzem fühlte sie sich besser. Was genau hatte sie gequält? Die Frage ihres Mannes war ihre eigene, und jetzt wartete er auf Antwort. Vor der Gerichtsverhandlung hatte sie ein Schreiben des römisch-katholischen

Erzbischofs von Westminster erhalten. In ihrem Urteil erwähnte sie es und fasste die Position des Erzbischofs mit allem Respekt zusammen: Man durfte sich nicht in Gottes Willen einmischen, und darum sollte Mark zusammen mit Matthew sterben. Dass Kirchenleute bereit waren, ein Leben mit all seinem Potential einem theologischen Grundsatz zu opfern, überraschte und beunruhigte sie nicht weiter. Das Gesetz selbst hatte ähnliche Probleme, erlaubte es Ärzten doch einerseits, bestimmte unheilbare Patienten ersticken, verdursten oder verhungern zu lassen, und verbot andererseits die sofortige Erlösung durch eine tödliche Spritze.

Nachts kreisten ihre Gedanken immer wieder um jenes Foto der Zwillinge und ein Dutzend andere, die sie studiert hatte, um die detaillierten Berichte der Fachärzte über alles, was mit den Babys nicht stimmte, und alles, was sie machen mussten, damit für Mark ein normales Leben möglich würde: die Rekonstruktion seiner inneren Organe, die Versetzung seiner Beine, Genitalien und Eingeweide um neunzig Grad, all das Schneiden und Durchtrennen, Zerlegen und Falten des kindlichen Fleischs. Während Jack neben ihr leise schnarchte, war ihr im Dunkel des Schlafzimmers, als spähe sie über den Rand eines Abgrunds. In der Erinnerung sah sie in den Fotos von Matthew und Mark eine blinde und sinnlose Nichtigkeit am Werk. Ein mikroskopisch kleines Ei hatte sich infolge irgendeines Fehlers in der Kette chemischer Prozesse, einer winzigen Störung in einer Kaskade von Proteinreaktionen, nicht rechtzeitig geteilt. Ein Ereignis auf Molekülebene, das sich ausdehnte wie ein expandierendes Universum, bis es in die Sphäre menschlichen Elends hineinreichte. Keine Grausamkeit dabei, keine Rache für irgendetwas, kein unergründliches Gespenstertreiben. Nur ein zufällig falsch kopiertes Gen, ein leicht abgeändertes Enzymrezept, eine gekappte chemische Bindung. Verschwendung der Natur, so teilnahms- wie planlos. All dies warf ein Schlaglicht auf das gesunde, perfekt geformte Leben, das ebenso zufällig, ebenso sinnlos war. Reiner Zufall, wenn man mit korrekt gebildeten und an den richtigen Stellen platzierten Körperteilen geboren wurde und mit liebevollen und nicht grausamen Eltern, oder wenn man, durch geographisches oder soziales Glück, Krieg und Armut entging. Und es dann umso leichter hatte, tugendhaft zu sein.

Eine Zeitlang hatte der Fall sie innerlich stumpf werden lassen, gleichgültiger, apathischer. Sie machte weiter wie immer und sagte niemandem ein Wort. Aber was den menschlichen Körper betraf, wurde sie empfindlich, sie konnte sich selbst oder Jack kaum ansehen, ohne sich abgestoßen zu fühlen. Wie sollte sie davon sprechen? Wie ihm glaubhaft machen, dass dieser Fall, nach und unter so vielen anderen im Laufe einer langen juristischen Karriere, dieser eine traurige Fall, seine emotionalen Details und das lärmende Interesse der Öffentlichkeit, ihr derart nahegehen konnten? Eine Zeitlang war etwas in ihr erkaltet, zusammen mit dem armen Matthew. Sie war es, die ein Kind aus der Welt gesandt hatte, die den Jungen mit vierunddreißig elegant formulierten Seiten aus dem Dasein argumentiert hatte. Dass er mit seinem aufgedunsenen Kopf und seinem kraftlosen Herzen ohnehin hätte sterben müssen, spielte keine Rolle. Nicht weniger irrational als der Erzbischof betrachtete sie diese innere Abstumpfung als ihr gerechtes Los. Das Gefühl war inzwischen verflogen, hatte aber, auch nach sieben

Wochen und einem Tag, Narbengewebe in ihrer Erinnerung zurückgelassen.

Ein körperloses Dasein, frei von physischen Einschränkungen, das hätte ihr gefallen.

* * *

Das Geräusch, mit dem Jack seinen Scotch auf den Glastisch stellte, holte sie ins Zimmer und zu seiner Frage zurück. Er sah sie unverwandt an. Selbst wenn sie gewusst hätte, wie sie ihr Geständnis formulieren könnte – ihr war einfach nicht danach. Und schon gar nicht wollte sie jetzt Schwäche zeigen. Sie musste arbeiten, den Schluss ihres Urteils Korrektur lesen, die Engel warteten. Es ging hier nicht um ihren Gemütszustand. Sondern um die Entscheidung, die ihr Mann gerade traf, den Druck, den er jetzt ausübte. Plötzlich war sie wieder wütend.

»Zum letzten Mal, Jack. Triffst du dich mit ihr? Wenn du nichts sagst, heißt das Ja.«

Aber auch er war gereizt, fuhr aus seinem Sessel und ging zum Flügel, legte eine Hand auf den hochgeklappten Deckel und atmete mehrmals durch, bevor er sich umdrehte. In diesen Sekunden dehnte das Schweigen zwischen ihnen sich aus. Der Regen hatte aufgehört, die Eichen im Park rauschten nicht mehr.

»Ich dachte, ich habe mich klar ausgedrückt. Ich versuche offen mit dir zu sein. Ich habe sie zum Lunch getroffen. Nichts ist passiert. Ich wollte erst mit dir reden, ich wollte…«

»Nun, das hast du getan, und du hast deine Antwort bekommen. Also was jetzt?«

»Jetzt erzählst du mir, was mit dir los ist.«
»Wann habt ihr euch zum Lunch getroffen? Wo?«
»Vorige Woche, in der Uni. Es war nichts.«
»Die Art von Nichts, aus dem sich eine Affäre ergibt.«
Er blieb auf der anderen Seite des Zimmers. »Da haben wir's«, sagte er. Tonlos. Ein vernünftiger Mann am Ende seiner Geduld. Erstaunlich, dass er mit diesem theatralischen Gehabe durchzukommen glaubte. Früher, in ihrer Zeit als Bezirksrichterin, hatte sie alte, ungebildete, manchmal schon ziemlich zahnlose Wiederholungstäter erlebt, die auf der Anklagebank weit überzeugendere Auftritte hingelegt hatten.

»Da haben wir's«, wiederholte er. »Und es tut mir leid.«
»Ist dir klar, was du damit kaputtmachst?«
»Ich könnte dich dasselbe fragen. Irgendetwas ist mit dir los, und du willst nicht mit mir reden.«

Lass ihn ziehen, sagte eine Stimme, ihre eigene Stimme in ihrem Kopf. Und sofort packte sie wieder die alte Angst. Sie konnte, sie wollte den Rest ihres Lebens nicht allein bewältigen. Zwei gute Freundinnen, so alt wie sie, seit langem geschieden, hassten es immer noch wie die Pest, ohne Begleitung einen Raum voller Leute zu betreten. Und über den gesellschaftlichen Nimbus hinaus war da noch die Liebe, die sie für ihn empfand. Nur jetzt gerade nicht.

»Dein Problem ist«, sagte er vom anderen Ende des Zimmers, »dass du nie glaubst, dich erklären zu müssen. Du hast dich von mir entfernt. Dir muss doch aufgefallen sein, dass ich das spüre und dass es mir was ausmacht. Wenn ich wüsste, dass es nicht ewig dabei bleibt oder was dahintersteckt, könnte ich vielleicht damit leben. Und deshalb ...«

Er machte einen Schritt auf sie zu, aber weder erfuhr sie seine Schlussfolgerung, noch konnte sie ihrer zunehmenden Gereiztheit Luft machen, denn in diesem Augenblick klingelte das Telefon. Automatisch nahm sie den Hörer ab. Sie hatte Bereitschaftsdienst, und natürlich war es ihr juristischer Sekretär, Nigel Pauling. Wie immer mit zögernder Stimme, kurz vorm Stottern. Aber ein tüchtiger, angenehm zurückhaltender Mensch.

»Entschuldigen Sie die späte Störung, Mylady.«

»Schon gut. Was gibt's?«

»Der Anwalt der Edith-Cavell-Klinik in Wandsworth hat angerufen. Es geht um eine dringende Bluttransfusion für einen Krebspatienten, einen siebzehnjährigen Jungen. Er und seine Eltern verweigern die Zustimmung. Die Klinik möchte...«

»Warum verweigern sie die Zustimmung?«

»Zeugen Jehovas, Mylady.«

»Aha.«

»Die Klinik möchte sich gerichtlich absichern, dass sie gegen den Willen der Eltern Transfusionen vornehmen darf.«

Sie sah auf die Uhr. Kurz nach halb elf.

»Wie viel Zeit haben wir?«

»Nach Mittwoch wird es gefährlich, sagen sie. Äußerst gefährlich.«

Sie blickte auf. Jack war bereits aus dem Zimmer gegangen. »Dann setzen Sie für Dienstag, vierzehn Uhr, einen Eiltermin an. Und benachrichtigen die Gegenseite. Weisen Sie die Klinik an, die Eltern zu informieren, damit sie Gegenantrag stellen können. Lassen Sie für den Prozess einen Vormund für den Jungen bestimmen. Die Klinik soll bis morgen, sechzehn Uhr, ihre Argumente einreichen. Und ein Gutachten des behandelnden Onkologen.«

Sie verlor kurz den Faden, räusperte sich und fuhr fort: »Ich möchte wissen, warum Blutprodukte notwendig sind. Und die Eltern sollen sich bemühen, bis Dienstagmittag ihre Argumente vorzulegen.«

»Wird alles sofort erledigt.«

Sie ging ans Fenster und sah auf den Platz hinaus, wo die Bäume im letzten Licht der langen Junidämmerung zu schwarzen Konturen wurden. Bis jetzt beleuchteten die gelben Straßenlaternen nicht mehr als einen Kreis auf dem Pflaster. Der Sonntagabendverkehr hatte sich gelichtet, kaum ein Geräusch drang von der Gray's Inn Road oder der High Holborn zu ihr her. Nur das Pochen vereinzelter Regentropfen auf Laub und das melodische Gurgeln eines nahen Abflussrohrs. Sie beobachtete eine Nachbarskatze, die da unten zimperlich um eine Pfütze herumschlich und sich im Dunkel eines Strauchs verlor. Jacks Rückzug machte ihr keine Sorgen. Ihr Gespräch hatte auf eine schmerzhafte Offenheit zugesteuert. Es ließ sich nicht leugnen, sie war erleichtert, sich plötzlich auf neutralem Boden, in der kahlen Steppe der Probleme anderer Leute wiederzufinden. Schon wieder Religion. Die auch Tröstungen bereithielt. Da der Junge fast achtzehn war, also fast volljährig, musste seinen Wünschen besondere Beachtung geschenkt werden.

Vielleicht war es pervers, in dieser jähen Störung eine Verheißung von Freiheit zu sehen. Auf der anderen Seite der Stadt drohte einem Teenager, um seines oder seiner Eltern Glauben willen, der Tod. Es war weder ihre Verantwortung noch ihre Aufgabe, ihn zu retten, sie hatte nur darüber zu befinden, was vernünftig und rechtmäßig war. Sie hätte sich diesen Jungen gern selbst angesehen, für eine oder zwei Stunden den häuslichen Morast, aber auch den Gerichtssaal hinter sich gelassen, einen Ausflug unternommen, sich in die komplizierten Einzelheiten vertieft und sich aus eigener Anschauung ein Urteil gebildet. Vielleicht bestärkte der Glaube der Eltern bloß den ihres Sohnes, oder aber er war ein Todesurteil, das er nicht anzufechten wagte. Sich selber ein Bild zu machen war heutzutage überaus ungewöhnlich. In den 1980er Jahren konnten Richter einen Jugendlichen noch unter Gerichtsvormundschaft stellen, ihn unter Ausschluss der Öffentlichkeit anhören oder persönlich im Krankenhaus oder zu Hause aufsuchen. So lange hatte sich ein hehres Ideal noch in die Moderne retten können, verbeult und rostig wie eine Ritterrüstung. Richter wurden als Vertreter des Monarchen betrachtet und hatten jahrhundertelang über die Kinder der Nation gewacht. Heute erledigten das die Sozialarbeiter vom Jugendamt und erstatteten Meldung. Das alte System, träge und ineffizient, hatte etwas Humanes gehabt. Jetzt gab es weniger Verzögerungen, dafür mehr Kästchen abzuhaken und mehr Daten, auf die man sich wohl oder übel verlassen musste. Das Leben von Kindern steckte in Computerspeichern, exakt abgebildet, aber längst nicht mehr so menschlich.

Eine sentimentale Anwandlung, in die Klinik fahren zu wollen. Sie verwarf die Idee, wandte sich vom Fenster ab und ging zur Chaiselongue zurück. Mit einem unwilligen Seufzer setzte sie sich und griff nach dem Urteil zu den jüdischen Mädchen aus Stamford Hill und ihrem umstrittenen Wohlbefinden. Wieder hielt sie die letzten Seiten, auf denen sie ihre Entscheidung formuliert hatte, in Händen. Aber noch brachte sie es nicht über sich, ihre eigene Prosa zu lesen. Es war nicht das erste Mal, dass die Absurdität und Sinnlosigkeit ihrer Rolle in einem Fall sie vorübergehend lähmte. Eltern, die eine Schule für ihre Kinder aussuchten – eine harmlose, wichtige, alltägliche Privatangelegenheit, von einer tödlichen Mixtur aus erbittertem Widerstreit und zu viel Geld in eine monströse Bürokratenaufgabe verwandelt: Aktenordner mit juristischen Dokumenten, so zahlreich und so schwer, dass sie auf Rollwagen ins Gericht gebracht werden mussten, unzählige Stunden gelehrten Gerangels, verfahrensrechtlicher Anhörungen, vertagter Entscheidungen; und der ganze Trubel stieg langsam, langsam die gerichtliche Hierarchie hinauf wie ein schlingernder, schlecht vertäuter Heißluftballon. Wenn die Eltern sich nicht einigen konnten, musste das Gesetz, wenn auch noch so ungern, die Entscheidung treffen. Fiona leitete das Verfahren mit dem ganzen Ernst und der Gewissenhaftigkeit einer Atomphysikerin, richtete über etwas, das mit Liebe begonnen und mit Hass geendet hatte. Die ganze Angelegenheit hätte man einem Sozialarbeiter übergeben sollen, der binnen einer halben Stunde eine vernünftige Entscheidung getroffen hätte.

Fiona hatte zugunsten Judiths entschieden, der nervösen Rothaarigen, die, wie der Sekretär erzählte, in jeder Sitzungspause durch die Marmorgänge und steinernen Torbögen des Gerichtsgebäudes ins Freie eilte, um auf The Strand eine Zigarette zu rauchen. Die Kinder sollten weiter auf die von ihr ausgesuchte gemischte Schule gehen. Dort könnten sie bis zu ihrem achtzehnten Lebensjahr bleiben und dann selbst entscheiden, ob sie ein Studium aufnehmen wollten. Das Urteil zollte der charedischen Gemeinde, ihrer tiefen Religiosität und ihren altehrwürdigen Traditionen und Bräuchen ausdrücklich Respekt und betonte die neutrale Einstellung des Gerichts zu einzelnen Glaubensinhalten. Einige der vom Vater selbst benannten Zeugen aus der Gemeinde indes waren seiner Sache nicht gerade förderlich gewesen. Ein angesehenes Mitglied hatte vielleicht etwas zu stolz erklärt, bei den Charedim erwarte man von den Frauen, dass sie sich dem Haushalt widmeten, eine Ausbildung über das sechzehnte Lebensjahr hinaus sei dafür nicht nötig. Ein anderer hatte ausgesagt, selbst für Jungen sei eine Berufsbildung höchst ungewöhnlich. Ein Dritter hatte seiner Ansicht ein wenig zu viel Nachdruck verliehen, dass Mädchen und Jungen zur Erhaltung ihrer Reinheit getrennt zur Schule gehen müssten. Das alles, schrieb Fiona, liege weit außerhalb der gängigen Erziehungspraxis und der allgemeinen Auffassung, dass Kinder in ihren Bestrebungen unterstützt werden sollten. Das sei auch die Perspektive »verständiger Eltern«, an der das Gericht sich zu orientieren habe. Sie schloss sich der Prognose der Sozialarbeiterin an, dass die Mädchen, wenn sie in die geschlossene Gemeinschaft des Vaters zurückkehrten, den Kontakt zu ihrer Mutter verlieren würden. Das Gegenteil sei deutlich weniger wahrscheinlich.

Oberste Pflicht des Gerichts sei es, dafür zu sorgen, dass die Kinder später, als Erwachsene, selbst über ihr weiteres Leben entscheiden könnten. Die Mädchen hätten freie Wahl zwischen der väterlichen und der mütterlichen Auffassung von Religion, sofern sie nicht einen ganz anderen Weg einschlagen wollten. Nach dem achtzehnten Lebensjahr wären sie der Verfügungsgewalt von Eltern wie Gericht entzogen. Sie beendete ihre Ausführungen mit einem kleinen Seitenhieb gegen den Vater: Mr Bernstein habe sich von Anwältinnen vertreten lassen und von der Erfahrung der vom Gericht bestellten Sozialarbeiterin profitiert, der so scharfsinnigen wie chaotischen Dame vom Jugendamt. Darüber hinaus unterstehe er den Weisungen einer Richterin. Er solle sich einmal fragen, warum er seinen Töchtern verwehren wolle, einen Beruf zu ergreifen.

Erledigt. Morgen früh würden ihre Korrekturen in die Endfassung übertragen. Sie stand auf, reckte sich, nahm die Whiskygläser und ging in die Küche, um sie auszuspülen. Das warme Wasser an ihren Händen fühlte sich so angenehm an, dass sie eine gedankenleere Minute am Waschbecken stehen blieb. Aber sie horchte auch nach Jack. Das Rumpeln der alten Rohrleitungen würde ihr melden, wann er zu Bett ging. Zurück im Wohnzimmer, machte sie das Licht aus und trat wieder ans Fenster.

Unten auf dem Platz, nicht weit von der Pfütze, der die Katze ausgewichen war, zog ihr Mann einen Koffer hinter sich her. Von der Schulter baumelte an einem Riemen seine Aktentasche. An seinem – ihrem gemeinsamen – Auto angekommen, öffnete er es, legte sein Gepäck auf die Rückbank, stieg ein und ließ den Motor an. Als die Scheinwerfer angingen und er die Vorderräder voll einschlug, um aus der engen Parklücke zu kommen, hörte sie leise das Autoradio. Popmusik. Aber er konnte Popmusik nicht ausstehen.

Offenbar hatte er seine Sachen schon früher am Abend gepackt, noch bevor sie miteinander gesprochen hatten. Oder, auch denkbar, als er zwischendurch im Schlafzimmer war. Statt Empörung, Wut oder Trauer empfand sie nur Müdigkeit. Am besten dachte sie jetzt praktisch. Wenn sie sofort zu

Bett ging, müsste sie keine Schlaftablette nehmen. Sie kehrte in die Küche zurück und redete sich ein, dass sie keineswegs auf dem Kieferntisch nachsehen wollte, wo sie einander für gewöhnlich Zettel hinlegten. Da lag nichts. Sie schloss die Wohnungstür ab und machte das Licht im Flur aus. Das Schlafzimmer wirkte unberührt. Sie schob seinen Kleiderschrank auf und überschlug mit Ehefrauenblick, dass er drei Jacketts mitgenommen hatte, das neueste davon war das eierschalenfarbene Leinensakko von Gieves & Hawkes. Im Bad widerstand sie der Versuchung, seinen Schrank zu öffnen, um auf den Inhalt seines Kulturbeutels schließen zu können. Sie wusste genug. Im Bett war ihr einziger vernünftiger Gedanke der, dass er wohl auf Zehenspitzen durch den Flur gegangen sein musste und die Tür lautlos, Millimeter um hinterlistigen Millimeter, hinter sich zugezogen hatte.

Nicht einmal das konnte sie am Wegdämmern hindern. Aber der Schlaf war keine Erlösung, denn binnen einer Stunde war sie von Anklägern umringt. Oder von Leuten, die sie um Hilfe baten. Die Gesichter verschmolzen und drifteten auseinander. Matthew, der winzige Zwilling mit dem ohrlosen, aufgedunsenen Kopf und dem kraftlosen Herzen, starrte sie bloß an wie schon in anderen Nächten. Rachel und Nora, die Schwestern, riefen klagend nach ihr und zählten Verfehlungen auf, die ebenso gut Fionas wie ihre eigenen sein mochten. Jack schwebte heran, drückte seine gerunzelte Stirn an ihre Schulter und winselte, sie habe die Pflicht, seinen Wahlmöglichkeiten eine Zukunft zu geben.

Als um halb sieben ihr Wecker klingelte, fuhr sie hoch und starrte verständnislos auf die leere Bettseite. Dann ging sie ins Bad und machte sich für den Tag im Gericht bereit.

2

Sie nahm den üblichen Weg vom Gray's Inn Square zu den Royal Courts of Justice und versuchte möglichst wenig zu denken. In einer Hand trug sie ihre Aktentasche, in der anderen den aufgespannten Schirm. Es herrschte ein trübes, grünes Licht, die Stadtluft war kühl an ihren Wangen. Sie verließ das Haus durch den Haupteingang; dem Morgenplausch mit John, dem freundlichen Pförtner, wich sie mit einem munteren Nicken aus. Dabei hoffte sie, dass sie nicht allzu sehr wie eine Frau in der Krise aussah. Um sich von ihrer Situation abzulenken, ließ sie vor ihrem inneren Ohr ein Stück ablaufen, das sie auswendig gelernt hatte. Es war ihr Ideal von sich selbst, das sie da hörte, über den Lärm der Rushhour hinweg, die Pianistin, die sie niemals sein würde, eine Pianistin, die Bachs zweite Partita ohne jeden Fehler spielte.

Es hatte fast den ganzen Sommer geregnet, die Stadtbäume wirkten gleichsam angeschwollen, ihre Wipfel aufgeplustert; die Bürgersteige waren sauber und glatt, die Autos auf der High Holborn blitzblank wie im Ausstellungssalon. Als sie das letzte Mal hingesehen hatte, war die ebenfalls angeschwollene Themse von einem dunkleren Braun gewesen, düster und rebellisch stieg die Flut an den Brückenpfeilern empor, drauf und dran, die Straße zu erobern. Aber alle marschierten weiter, klagend, entschlossen, durchnässt. Der Jetstream, außer Kontrolle geraten, war nach Süden abgebogen, blockierte die linde Azorenluft und saugte Eiseskälte aus dem Norden an. Folge des menschengemachten Klimawandels – schmelzendes Meereseis, das die oberen Luftschichten durcheinanderbrachte – oder von unregelmäßiger Sonnenfleckenaktivität, für die niemand etwas konnte, oder von natürlichen Schwankungen, uralten Rhythmen des Planeten. Oder von allen drei Faktoren, oder auch nur zweien davon. Aber was nützten Erklärungen und Theorien so früh am Tag? Fiona und alle anderen in London mussten zur Arbeit.

Als sie die Straße überquerte, um in die Chancery Lane abzubiegen, begann es heftiger zu regnen, ein jäher kühler Wind trieb die Tropfen vor sich her. Dunkler war es auch geworden, Wasser spritzte ihr eiskalt an die Waden, Menschen hasteten vorbei, stumm und mit sich selbst beschäftigt. Auf der High Holborn strömte der Verkehr unbeeindruckt weiter, laut und machtvoll, Scheinwerfer gleißten auf dem Asphalt, und sie lauschte wieder dem großartigen Präludium, dem Adagio im italienischen Stil, der fernen Verheißung von Jazz in den schleppenden dichten Akkorden. Aber es gab kein Entrinnen, das Stück führte sie geradewegs zu Jack zurück, denn für ihn hatte sie es letzten April auswendig gelernt, als Geburtstagsgeschenk. Dämmerung auf dem Platz, sie beide eben von der Arbeit nach Hause gekommen, das Licht der Tischlampen, er mit einem Glas Champagner in der Hand, ihr Glas auf dem Flügel, während sie spielte, was sie in den Wochen zuvor geduldig einstudiert hatte. Seine entzückten Rufe, als er das Stück erkannte, sein liebenswürdig übertriebenes Staunen ob solcher Gedächtnisleistung, der lange Kuss am Ende, ihr gehauchtes »Alles Gute zum Geburtstag«, seine feuchten Augen, das Klingen der Kristallgläser.

Nun sprang der Motor des Selbstmitleids an, und hilflos beschwor sie die verschiedenen Überraschungen herauf, die sie für ihn organisiert hatte. Die Liste war ungesund lang – Opernbesuche, Kurztrips nach Paris und Dubrovnik, Wien und Triest, Keith Jarrett in Rom (Jack, ahnungslos, wusste nur, dass er eine Reisetasche packen und sich gleich nach der Arbeit mit ihr am Flughafen treffen sollte), gepunzte Cowboystiefel, ein Flachmann mit Gravur und, wegen seiner neuen Leidenschaft für Geologie, der Gesteinshammer eines Forschers aus dem neunzehnten Jahrhundert, in einem Lederetui. Als Herold seines zweiten Frühlings zum fünfzigsten Geburtstag eine Trompete, die einst Guy Barker gehört hatte. Das alles machte aber nur einen Bruchteil des Glücks aus, mit dem sie ihn überschüttete, und Sex war nur ein Bruchteil dieses Bruchteils, und erst seit kurzem ein Problem, das er zu einer ungeheuren Ungerechtigkeit aufgebauscht hatte.

Trauer und eine Flut kränkender Details, aber der wahre Zorn lag noch vor ihr. Eine sitzengelassene Frau von neunundfünfzig, in den frühsten Kinderjahren des Alters, in denen man gerade erst krabbeln lernte. Sie bog von der Chancery Lane in den schmalen Durchgang ein, der in das architektonische Prachtlabyrinth von Lincoln's Inn hineinführte, und zwang ihre Gedanken zu ihrer Partita zurück. Zum Trommeln der Regentropfen auf ihrem Schirm hörte sie das beschwingte Andante, »schreitend«, eine bei Bach seltene Tempobezeichnung, die schöne, unbeschwerte Melodie über dem schlendernden Bass, und an Great Hall vorbei verfielen ihre Schritte unwillkürlich in den Rhythmus dieser unirdisch heiteren Klänge. Die Töne schienen sich bis zu einem klaren, allgemeinmenschlichen Sinn aufzuschwingen, bedeuteten aber rein gar nichts. Nur Anmut, geläuterte Anmut. Oder Liebe in ihrer unbestimmtesten, weitesten Form, Liebe zu allen Menschen, unterschiedslos. Zu Kindern vielleicht. Johann Sebastian hatte zwanzig davon, aus zwei Ehen. Er ließ sich durch seine Arbeit nicht vom Lieben und Lehren abhalten, er sorgte für diejenigen, die überlebten, er komponierte für sie. Kinder. Der unentrinnbare Gedanke stellte sich wieder einmal ein, während sie zu der anspruchsvollen Fuge überging, die sie aus Liebe zu ihrem Mann gemeistert hatte, und sie mit voller Wucht spielte, fehlerlos, die einzelnen Stimmen sauber getrennt.

Ja, ihre Kinderlosigkeit war selbst eine Fuge, eine Flucht – das ständig wiederkehrende Thema, dessen sie sich jetzt zu erwehren versuchte –, eine Flucht vor ihrer eigentlichen Bestimmung. Sie war nicht zur Frau geworden, so wie ihre Mutter dieses Wort verstand. Der Weg zum gegenwärtigen Zustand war ein langgezogener, von Jack und ihr über zwei Jahrzehnte hinweg gemeinsam gespielter Kontrapunkt, mit Dissonanzen, die auftauchten und sich auflösten, die sie aber in unruhigen, oft entsetzten Augenblicken immer wieder anklingen ließ, derweil die fruchtbaren Jahre dahingingen, Fiona fast zu beschäftigt, es überhaupt zu bemerken.

Eine Geschichte, die man am besten zügig erzählte. Nach den Abschlussprüfungen weitere Examina, dann die Zulassung als Anwältin, die Referendarzeit, ihre Aufnahme, mit etwas Glück, in eine angesehene Sozietät, frühe Erfolge bei der Verteidigung aussichtsloser Fälle – wie vernünftig es ihr damals vorgekommen war, Kinder bis Anfang dreißig aufzuschieben. Und dann war es so weit, und sie bekam es mit komplexen, hochinteressanten Fällen zu tun und feierte noch größere Erfolge. Auch Jack meinte zögerlich, sie sollten ein oder zwei Jahre warten. Also Mitte dreißig, da lehrte er in Pittsburgh, und sie arbeitete vierzehn Stunden am Tag, vertiefte sich immer mehr ins Familienrecht, während der Gedanke an eine eigene Familie trotz aller Besuche von Neffen und Nichten immer weiter in den Hintergrund rückte. In den Jahren darauf die ersten Gerüchte, dass sie frühzeitig in die Richterschaft berufen werden könnte, was regelmäßige Reisen durch einen Gerichtsbezirk mit sich brächte. Aber der Ruf kam nicht, noch nicht. Und als sie die vierzig überschritten hatte, keimten Bedenken von wegen Risikoschwangerschaft und Autismus auf. Und gleich noch mehr junge Besucher am Gray's Inn Square, lärmende, anstrengende Großneffen und -nichten, die sie daran erinnerten, wie schwierig es wäre, in dieses ihr Leben einen Säugling hineinzuzwängen. Dann reuige Adoptionspläne, ein paar vorsichtige Erkundigungen – und in den sich beschleunigenden Jahren danach oft quälende Zweifel, nächtliche Vorsätze, sich eine Leihmutter zu suchen, feste Entschlüsse, die in der morgendlichen Hetze zur Arbeit kassiert wurden. Und als sie endlich, eines Morgens um halb zehn, in den Royal Courts of Justice den Treueeid vor dem Lordoberrichter und den Richtereid vor zweihundert perückenbewehrten Kollegen leistete, als sie stolz in ihrer Robe vor ihnen stand und mit geistreichen Bemerkungen bedacht wurde, da wusste sie, die Sache war gelaufen, sie gehörte dem

Gesetz, wie manche Frauen früher Bräute Christi gewesen waren.

Sie überquerte den New Square und näherte sich der Buchhandlung Wildy's. Die Musik in ihrem Kopf war verklungen, dafür tauchte jetzt ein weiteres altes Thema auf: Selbstvorwürfe. Sie war egoistisch, halsstarrig, dröge und ehrgeizig. Verfolgte nur ihre eigenen Ziele, machte sich weis, ihre Karriere diene nicht im Wesentlichen ihrer persönlichen Befriedigung, hatte zwei oder drei liebenswerten und talentierten Individuen die Existenz verwehrt. Hätte sie Kinder, wäre es ein schockierender Gedanke, sie nicht gehabt zu haben. Und das war jetzt ihre Strafe: sich dieser Katastrophe allein stellen zu müssen, ohne vernünftige erwachsene Kinder, die sich um sie kümmerten und sie anriefen, die ihre Arbeit stehen- und liegenließen und zu dringenden Küchenkonferenzen herbeieilten, ihren dummen Vater zur Vernunft und zu ihr zurück brachten. Aber würde sie ihn wieder aufnehmen? Sie würden auch sie zur Vernunft bringen müssen, ihre beinahe existierenden Kinder, die Tochter mit der rauchigen Stimme, vielleicht Kuratorin an einem Museum, und der unstetere, auf zu vielen Gebieten begabte Sohn, der zwar sein Studium nicht abschloss, aber weit besser Klavier spielte als sie. Beide immer liebevoll, großartig an Weihnachten und in den Sommerferien und wenn es darum ging, ihre jüngsten Verwandten zu unterhalten.

Sie ging an Wildy's vorbei, ohne sich von der juristischen Fachliteratur im Schaufenster verführen zu lassen, überquerte die Carey Street und betrat das Gerichtsgebäude durch den Hintereingang. Einen gewölbten Korridor entlang, noch einen, eine Treppe hinauf, vorbei an Gerichtssälen, wieder nach unten, durch einen Hof. Am Fuß der Treppe blieb sie stehen und schüttelte den Schirm aus. Die Luft erinnerte sie immer an die Schule, an den Geruch von kaltem feuchtem Gemäuer, an leise Schauer von Furcht und Aufregung. Sie nahm die Treppe, nicht den Lift, ihre Schritte schwer auf dem roten Teppich, und bog rechts ab in den breiten Flur mit den vielen Türen zu den Büros der Richter des High Court – wie ein Adventskalender, dachte sie manchmal. In diesen großen Zimmern voller Bücher verloren sich die Kollegen täglich in ihren Fällen, ihren Prozessen, in Labyrinthen aus Detailfragen und Meinungsverschiedenheiten, aus denen man nur mit einer gewissen Ironie oder Flapsigkeit wieder herausfand. Die meisten Richter, die sie kannte, hielten sich etwas auf ihren raffinierten Sinn für Humor zugute, aber wie sie erleichtert feststellte, war niemand da, der sie zum Lachen bringen wollte. Wahrscheinlich war sie die Erste heute Morgen. Nichts scheucht einen zeitiger aus dem Bett als ein häusliches Gewitter.

In ihrer Tür blieb sie stehen. Nigel Pauling, korrekt und zaghaft, stand über ihren Schreibtisch gebückt und legte Schriftstücke aus. Es folgte wie jeden Montag der rituelle Austausch von Erkundigungen nach dem Wochenende. Das ihre war »ruhig«, und bei diesem Wort reichte sie ihm die korrigierte Fassung des Bernstein-Urteils.

Das Tagesprogramm. In dem für zehn Uhr angesetzten Marokkaner-Fall hatte der Vater – trotz seiner Zusicherungen ans Gericht – die kleine Tochter nun tatsächlich nach Rabat mitgenommen und somit der Gerichtsbarkeit entzogen; ihr genauer Aufenthaltsort war unbekannt, der Vater meldete sich nicht, sein Anwalt war ratlos. Die Mutter wurde psychiatrisch betreut, würde aber vor Gericht erscheinen. Man wollte sich auf das Haager Übereinkommen berufen, welchem Marokko, glücklicher Zufall, als einziger islamischer Staat beigetreten war. Das alles von Pauling in nervöser Hast vorgetragen, wobei er sich ständig mit der Hand durch die Haare fuhr, als sei er der Bruder des Kindesentführers. Die arme blasse Frau, eine spindeldürre Universitätsprofessorin, die zitternd im Gerichtssaal saß, Spezialistin für bhutanische Sagen, hingebungsvolle Mutter ihres einzigen Kindes. Der Vater, auf seine abwegige Art nicht weniger hingebungsvoll, hatte seine Tochter nun aus den Fängen des ungläubigen Westens befreit. Die Papiere warteten auf ihrem Schreibtisch.

Den Rest des Tagesprogramms hatte sie bereits klar im Kopf. Sie nahm an ihrem Schreibtisch Platz und fragte nach dem Fall mit den Zeugen Jehovas. Die Eltern würden einen Notantrag auf Prozesskostenhilfe stellen, die Bescheinigung werde am Nachmittag ausgegeben. Der Junge, berichtete der juristische Sekretär, leide an einer seltenen Form von Leukämie.

»Geben wir ihm einen Namen.« Das kam ihr so barsch von den Lippen, dass sie selbst erschrak.

Wenn sie ihn unter Druck setzte, wurde Pauling lockerer, manchmal sogar ein wenig spöttisch. Jetzt gab er ihr mehr Informationen, als sie brauchte. »Selbstverständlich, Mylady. Adam. Adam Henry, Einzelkind. Die Eltern heißen Kevin und Naomi. Mr Henry hat eine kleine Firma. Erdbau, Landentwässerung und dergleichen. Offenbar ein Virtuose mit dem Bagger.«

Nach zwanzig Minuten am Schreibtisch verließ sie ihr

Büro, bog ab und ging durch den langen Korridor zu der Nische mit dem Kaffeeautomaten. Auf seiner Glasfront ergossen sich hyperrealistische geröstete Bohnen aus einem Messbecher, das Ganze, in Braun- und Cremetönen, von innen beleuchtet und in dem düsteren Winkel so plastisch wie eine illuminierte alte Handschrift. Ein Cappuccino mit einem Extra-Schuss Espresso, vielleicht sogar einem zweiten. Am besten gleich hier den ersten Schluck, wo sie sich ungestört und angewidert ausmalen konnte, wie Jack aus einem fremden Bett aufstand und sich für die Arbeit bereitmachte, die Gestalt neben ihm im Halbschlaf, in den frühen Morgenstunden beglückt, regte sich zwischen klebrigen Laken, murmelte seinen Namen, rief ihn zurück. Plötzlich wütend, zückte sie ihr Handy, scrollte durch die Adressen zu ihrem Schlosser in der Gray's Inn Road, tippte ihre vierstellige PIN ein und gab dann den Auftrag, das Wohnungsschloss auszutauschen. Selbstverständlich, Madam, wird sofort erledigt. Informationen zum aktuellen Schloss lägen vor. Die neuen Schlüssel würden noch heute bei ihr in The Strand und nirgendwo sonst abgeliefert. Dann zügig weiter, jetzt nur ja nicht schwach werden. Den heißen Plastikbecher in der Hand, rief sie den Hausverwalter an, ein ebenso ruppiger wie gutmütiger Zeitgenosse, und informierte ihn, dass sie einen Schlosser bestellt habe. Eine Gemeinheit von ihr, aber es fühlte sich gut an, gemein zu sein. Wenn man sie verließ, dann musste das einen Preis haben: Jack, ins Exil verbannt, konnte jetzt nur noch als Bittsteller in sein früheres Leben zurückkehren. Den Luxus zweier Adressen würde sie ihm nicht gewähren.

Als sie ihren Becher ins Büro trug, wunderte sie sich bereits über ihr albernes Bubenstück. Den Ehepartner am rechtmäßigen Zugang zur gemeinsamen Wohnung zu hindern, das war eins der Klischees beim Zusammenbruch von Ehen und eins, von dem jeder Anwalt seinem Mandanten – im Allgemeinen der Frau – abraten würde, solange kein Gerichtsbeschluss vorlag. Ein ganzes Berufsleben hatte sie über diesen Raufhändeln verbracht, erst beratend, später richtend, hatte sich in privaten Gesprächen von oben herab über die Boshaftigkeit und Lächerlichkeit von Scheidungspaaren mokiert, und jetzt war sie selbst da unten und schwamm mit im deprimierenden Strom.

Aus diesen Gedanken wurde sie jäh herausgerissen. Als sie auf den breiten Flur einbog, stand dort Richter Sherwood Runcie in seiner Tür. Offenbar erwartete er sie, schon rieb er sich, die Parodie eines Bühnenschurken, grinsend die Hände zum Zeichen, dass er etwas für sie auf Lager hatte. Er kannte immer die neuesten Gerüchte am Gericht (an denen meist etwas dran war) und machte sich ein Vergnügen daraus, sie zu verbreiten. Er war einer der wenigen, vielleicht der einzige Kollege, dem sie lieber aus dem Weg ging, aber nicht, weil er unsympathisch war. Im Gegenteil, ein reizender Mann, der seine gesamte Freizeit einer wohltätigen Einrichtung in Äthiopien widmete, vor Jahren von ihm selbst gegründet. Aber Fiona brauchte ihn bloß zu sehen, um in Verlegenheit zu geraten. Vor vier Jahren hatte er einen Mordprozess verhandelt, an den sie nur mit Schaudern denken konnte. Auch darüber Stillschweigen zu bewahren, wie es ihr Amt verlangte, bereitete ihr geradezu Schmerzen. Und das in einer schönen kleinen Welt, einem Dorf, wo man einander laufend gegenseitig Fehler verzieh, wo jeder von Zeit zu Zeit in irgendeiner Rechtsfrage eins auf die Finger bekam, jedem vom Berufungsgericht mal ein Urteil brüsk kassiert wurde. Aber hier ging es um eins der gravierendsten Fehlurteile der letzten Jahrzehnte. Und Sherwood! So untypisch gutgläubig bei der Anhörung eines mathematisch ahnungslosen Sachverständigen, und dann hatte er zu allgemeinem Staunen und Entsetzen eine unschuldige, trauernde Mutter wegen Mordes an ihren Kindern ins Gefängnis geschickt. Die anderen Insassen tyrannisierten sie, die Boulevardpresse dämonisierte sie, ihre erste Berufung wurde zurückgewiesen. Und als sie endlich, wie es kommen musste, freigelassen wurde, verfiel sie dem Alkohol und starb.

Die seltsame Logik, die zu dieser Tragödie führte, konnte Fiona noch immer um den Schlaf bringen. Die Wahrscheinlichkeit, dass ein Kind an plötzlichem Kindstod starb, wurde vor Gericht mit eins zu neuntausend angegeben. Folglich, so behauptete der von der Anklage bestellte Sachverständige, sei die Wahrscheinlichkeit, dass zwei Geschwister daran starben, durch Multiplikation dieser Zahl mit sich selbst zu berechnen. Eins zu einundachtzig Millionen. Also praktisch ausgeschlossen, und daher müsse die Mutter nachgeholfen haben. Die Welt außerhalb des Gerichts war fassungslos. Wenn die Ursache ihres plötzlichen Todes genetisch war, war sie beiden Kindern gemeinsam. Wenn sie umweltbedingt war, war sie ebenfalls beiden gemeinsam. Wenn sie genetisch und umweltbedingt war, war beides beiden gemeinsam. Und wie hoch war die Wahrscheinlichkeit, dass zwei Babys aus einer soliden bürgerlichen Familie von ihrer Mutter ermordet wurden? Empörte Wahrscheinlichkeitstheoretiker, Statistiker und Epidemiologen konnten nur hilflos zusehen.

In Momenten des Zweifels an den rechtsstaatlichen Prozeduren brauchte sie sich nur den Fall Martha Longman und Runcies Aussetzer ins Gedächtnis zu rufen, um ihr vages Gefühl bestätigt zu sehen, dass das Recht, sosehr Fiona es lieben mochte, im schlimmsten Fall kein Esel, sondern eine Schlange war, eine giftige Schlange. Es half auch nicht gerade, dass Jack sich für den Fall interessierte und, wenn es ihm passte, wenn es Konflikte zwischen ihnen gab, lautstark seinen Abscheu vor ihrem Stand und ihrer Berufswahl äußerte, als ob sie selbst dieses Urteil gefällt hätte.

Aber wer hätte die Richterschaft noch verteidigen wollen, nachdem Longmans erste Berufung abgewiesen wurde? Bei dem Fall war von Anfang an alles schiefgegangen. Der Pathologe, so stellte sich heraus, hatte unerklärlicherweise entscheidende Untersuchungsergebnisse über eine aggressive Bakterieninfektion beim zweiten Kind zurückgehalten. Polizei und Staatsanwaltschaft waren unbegreiflich erpicht auf eine Verurteilung, die Aussagen des Pädiaters waren eine Schande für den Ärztestand, und das ganze System, diese leichtfertige Meute von Fachleuten, hetzte eine liebenswürdige Frau, eine angesehene Architektin, in Verzweiflung und Tod. Konfrontiert mit widersprüchlichen Voten verschiedener medizinischer Sachverständiger zu den Todesursachen der beiden Säuglinge, sprach das stumpfsinnige Recht lieber ein Schuldurteil, als sich mit Skepsis und Unsicherheit zu bescheiden. Runcie, da herrschte Einigkeit, war ein äußerst netter Kerl und erwiesenermaßen ein guter, tüchtiger Richter. Doch als Fiona erfuhr, dass sowohl der Pathologe als auch der Kinderarzt wieder arbeiteten, gab es ihr den Rest. Der Fall drehte ihr den Magen um.

Runcie hob grüßend eine Hand, und sie blieb notgedrungen stehen und machte ein freundliches Gesicht.

»Meine Teuerste.«

»Guten Morgen, Sherwood.«

»Ich habe in Stephen Sedleys neuem Buch eine wunderbare kleine Szene gelesen. Das wird dir gefallen. Aus einem Prozess in Massachusetts. Ein ziemlich hartnäckiger Anwalt fragt im Kreuzverhör einen Pathologen, ob er absolut sicher ist, dass ein bestimmter Patient vor der Autopsie auch wirklich tot war. Der Pathologe sagt, er sei sich absolut sicher. Oh, aber wie können Sie so sicher sein? Weil, sagt der Pathologe, sein Gehirn in einem Behälter auf meinem Schreibtisch stand. Aber, sagt der Anwalt, könnte der Patient nicht trotzdem noch am Leben gewesen sein? Nun, kommt die Antwort, es ist durchaus denkbar, dass er noch lebte und irgendwo als Anwalt tätig war.«

Runcie brach in wieherndes Gelächter aus und ließ Fiona nicht aus den Augen, gespannt, ob sie seine Geschichte genauso komisch fand wie er selbst. Sie gab ihr Bestes. Nichts lieben Juristen mehr als Witze über Juristen.

Endlich mit ihrem inzwischen lauwarmen Kaffee wieder am Schreibtisch, begann sie über das Kind nachzudenken, das der Gerichtsbarkeit entzogen worden war. Sie ignorierte Pauling, der sich auf der anderen Seite des Zimmers räusperte, etwas sagen wollte, es sich dann anders überlegte und verschwand. Irgendwann verschwanden auch ihre eigenen Sorgen, sie konzentrierte sich auf die Akten und las in raschem Tempo.

Die Verhandlung begann Punkt zehn. Sie hörte sich den Anwalt der verzweifelten Mutter an, der einen Antrag auf

Rückführung des Kindes unter Berufung auf das Haager Übereinkommen stellte. Als der Anwalt des marokkanischen Ehemanns aufstand und Fiona weiszumachen versuchte, dass es bei den Zusicherungen seines Mandanten einigen Interpretationsspielraum gab, schnitt sie ihm das Wort ab.

»Ich hätte erwartet, dass das Verhalten Ihres Mandanten Ihnen die Schamesröte ins Gesicht treibt, Mr Soames.«

Es ging nun um verzwickte formaljuristische Fragen. Die schmächtige Gestalt der Mutter blieb halb hinter ihrem Anwalt verborgen und schien, je abstrakter die Auseinandersetzung wurde, noch weiter zusammenzuschrumpfen. Sehr wahrscheinlich würde Fiona die Frau nach dieser Sitzung nie wiedersehen. Die traurige Angelegenheit würde in die Hände eines marokkanischen Richters gelegt werden.

Als Nächstes wurde der Eilantrag einer Ehefrau auf vorläufige Unterhaltszahlung verhandelt. Die Richterin hörte zu, stellte Fragen und gab dem Antrag statt. In der Mittagspause wollte sie allein sein. Pauling brachte ihr Sandwichs und eine Tafel Schokolade, die sie am Schreibtisch aß. Ihr Handy lag unter Papieren begraben, aber schließlich wurde sie schwach und sah nach, ob SMS oder Anrufe eingegangen waren. Nichts. Sie versuchte sich einzureden, dass sie weder Enttäuschung noch Erleichterung empfand. Sie trank Tee und gönnte sich zehn Minuten für die Zeitungen. Hauptsächlich Syrien, Artikel und gespenstische Fotos: Regierungsbomben auf Zivilisten, Flüchtlinge auf der Straße, ohnmächtige Appelle von Außenministern in aller Welt, ein achtjähriger Junge auf einem Bett, sein linker Fuß amputiert, der ausgemergelte Assad mit seinem fliehenden Kinn, der einem russischen Regierungsvertreter die Hand schüttelt, Gerüchte über Giftgaseinsätze.

Anderswo herrschte weit größeres Elend, aber nach der Mittagspause hatte sie sich wieder mit dem heimischen zu befassen. Als Erstes der Antrag einer Frau auf Verweis ihres Mannes aus der ehelichen Wohnung, den sie abschlägig beschied. Die Antragsbegründung zog sich in die Länge, das nervöse Blinzeln des eulenhaften Anwalts brachte sie noch mehr in Harnisch.

»Warum verlangen Sie das ohne Vorankündigung? Ich sehe nichts in den Unterlagen, was das erforderlich machen würde. Haben Sie mit der Gegenseite zu reden versucht? Nein, soweit ich hier sehe. Wenn der Ehemann bereit ist, Ihrer Mandantin eine Zusicherung zu geben, haben Sie eigentlich keinen Grund, mich mit dieser Sache zu behelligen. Wenn nicht, teilen Sie es dem Gericht mit, und ich höre mir beide Seiten an.«

Die Sitzung war beendet, sie ging steifbeinig hinaus. Dann wieder zurück, zum nächsten Disput: Ein Mann beantragte eine Unterlassungsverfügung gegen den Geliebten seiner Exfrau, der ihm angeblich Gewalt angedroht hatte. Zähes juristisches Hin und Her über die Vorstrafen des Geliebten, aber da ging es um Betrug, nicht um Körperverletzung, und am Ende lehnte sie den Antrag ab. Eine mündliche Zusicherung musste reichen. Eine Tasse Tee in ihrem Zimmer, dann wieder zurück. In einem Scheidungsfall stellte die Mutter einen Eilantrag auf Hinterlegung der Pässe ihrer drei Kinder bei Gericht. Fiona war geneigt, dem stattzugeben, aber nachdem sie erfahren hatte, was das alles an Komplikationen nach sich ziehen würde, wies sie den Antrag zurück.

Um Viertel vor sechs wieder in ihrem Zimmer. Sie saß am Schreibtisch und starrte leer auf die Bücherregale. Als Pauling hereinkam, zuckte sie zusammen – war sie vielleicht kurz eingeschlafen? Er teilte ihr mit, es gebe großes Medieninteresse an dem Zeugen-Jehovas-Fall. Die meisten Zeitungen würden die Geschichte morgen bringen. Schon jetzt seien auf ihren Webseiten Bilder des Jungen und seiner Familie zu sehen. Möglich, dass die Eltern selbst dahintersteckten, oder irgendein Angehöriger, der eine kleine Finanzspritze gebrauchen konnte. Der Sekretär reichte Fiona die entsprechenden Prozessakten und einen braunen Umschlag, in dem es sonderbar klimperte, als sie ihn öffnete. Eine Briefbombe von einem enttäuschten Kläger? Es wäre nicht die erste: Ihr damaliger Sekretär war mit dem Schrecken davongekommen, als er aus einem Umschlag so ein von einem wütenden Ehemann zusammengebasteltes Ding gezogen hatte, das zum Glück nicht explodierte. Aber ja, es waren ihre neuen Schlüssel, die ihr den Weg in ihr neues Dasein öffneten.

Und eine halbe Stunde später brach sie in dieses verwandelte Leben auf, nahm jedoch einen Umweg, denn sie fürchtete sich vor der leeren Wohnung. Sie verließ das Gericht durch den Haupteingang, ging westlich The Strand entlang Richtung Aldwych, dann auf dem Kingsway nach Norden. Der Himmel war schlachtschiffgrau, der Regen kaum zu spüren, das montägliche Gewühl zur Rushhour weniger dicht als sonst. Vor ihr lag noch so ein allzu langer, trüber Sommerabend mit tiefhängenden Wolken. Totale Finsternis wäre ihr lieber gewesen. Als sie an einem Schlüsselgeschäft vorbeikam, schlug ihr Herz schneller, sie malte sich aus, wie sie mit Jack lautstark über seine Aussperrung stritt, draußen vorm Haus, unter den triefenden Bäumen, vor den Ohren der Nachbarn, von denen viele auch Kollegen waren. Sie wäre absolut im Unrecht.

Sie wandte sich nach Osten, an der London School of Economics vorbei und um Lincoln's Inn Fields herum, ging über die High Holborn und dann, um das Heimkommen hinauszuzögern, wieder nach Westen, durch enge Straßen mit Werkstätten aus viktorianischer Zeit, in denen sich jetzt Friseure, kleine Geschäfte und Sandwichbars eingenistet hatten. Sie überquerte den Red Lion Square, vorbei an den nassen Aluminiumstühlen und Tischen des Parkcafés, vorbei an der Conway Hall Ethical Society, wo eine kleine Schar auf Einlass wartete, anständige, weißhaarige, verhärmte Leute, Quäker vielleicht, die sich anschickten, einen Abend lang mit dem Stand der Dinge zu hadern. Nun, einen solchen Abend hatte auch sie vor sich. Als Mann oder Frau des Rechts und seiner gesamten historisch angewachsenen Tradition war man mit dem Stand der Dinge besonders eng verbandelt. Auch wenn man davon nichts wissen wollte. Auf dem glänzenden Walnusstisch im Flur am Gray's Inn Square wartete ein gutes halbes Dutzend geprägter Einladungskarten. Die Anwaltskammern, die Universitäten, Wohltätigkeitsorganisationen, diverse königliche Gesellschaften, prominente Bekannte, sie alle baten Jack und Fiona Maye – die sich mit den Jahren selbst zu einer kleinen Institution gemausert hatten –, sie fein herausgeputzt mit ihrer Anwesenheit zu beehren, ihr Gewicht in die Waagschale zu werfen, zu essen, zu trinken, zu diskutieren und vor Mitternacht nach Hause zu gehen.

Sie spazierte langsam die Theobald's Road entlang, um

den Augenblick der Rückkehr noch weiter aufzuschieben, und fragte sich wieder einmal, ob es wirklich Liebe war, was sie verloren hatte, oder nicht eher so etwas wie eine moderne Form von Ehrbarkeit, ob es, wie in den Romanen von Flaubert und Tolstoi, Verachtung und Ausgrenzung war, die sie fürchtete, oder nicht eher Mitleid. Gegenstand des allgemeinen Mitleids zu sein war auch eine Art von gesellschaftlichem Tod. Das neunzehnte Jahrhundert lag näher, als die meisten Frauen glaubten. Vor aller Öffentlichkeit die einem zugedachte Rolle in so einem Klischee zu spielen zeugte eher von schlechtem Stil als von moralischem Versagen. Der rastlose Gatte im letzten Aufbäumen, die tapfere Gattin, die ihre Würde wahrt, die jüngere Frau, weit weg und schuldlos. Und sie hatte sich eingebildet, ihre Zeit als Schauspielerin sei auf einem sonnigen Rasen zu Ende gegangen, kurz bevor sie sich verliebte.

Wie sich zeigte, war die Heimkehr doch nicht so schwierig. Sie kam auch sonst gelegentlich früher als Jack von der Arbeit, und zu ihrer Überraschung legte sich ihre Anspannung, sobald sie im Flur das heimelige Halbdunkel, der Duft von Lavendelpolitur umfingen und sie fast so tun konnte, als habe sich nichts verändert oder als könne alles bald wieder gut werden. Ehe sie das Licht anschaltete, stellte sie ihre Tasche ab und lauschte. In der Sommerkälte war die Zentralheizung angesprungen. Jetzt gaben die Heizkörper beim Abkühlen ein unregelmäßiges Ticken von sich. Sie hörte leise Orchestermusik aus einer Wohnung unten, Mahler, *langsam und ruhig*. Weniger leise eine Singdrossel, die pedantisch jede ihrer verschnörkelten Phrasen wiederholte, ein Schornstein leitete die Töne glasklar zu ihr herab. Dann ging sie durch die Zimmer und machte überall Licht, dabei war es noch nicht mal halb acht. Zurück im Flur, um ihre Tasche zu holen, konstatierte sie, dass der Schlosser keinerlei Spuren hinterlassen hatte. Nicht den kleinsten Holzsplitter. Wie denn auch, wenn er bloß den Schlosszylinder ausgetauscht hatte, und was kümmerte es sie überhaupt? Aber das Fehlen jeder Spur seines Besuchs erinnerte sie an das Fehlen jeder Spur von Jack – ein kleiner Dämpfer für ihre Stimmung, und um dagegen anzukämpfen, nahm sie ihre Akten mit in die Küche und überflog einen der für den nächsten Tag angesetzten Fälle, während sie wartete, bis das Wasser kochte.

Sie hätte eine ihrer drei Freundinnen anrufen können, aber sie wollte sich nicht selbst dabei zuhören müssen, wie sie ihre Situation erklärte, und diese damit unwiderruflich real machen. Es war zu früh für Anteilnahme und gute Ratschläge, zu früh, Jack von ihren loyalen Gefährtinnen in der Luft zerreißen zu lassen. Stattdessen verbrachte sie den Abend in einem Zustand der Leere und Stumpfheit. Sie aß Brot, Käse und Oliven, trank dazu ein Glas Weißwein und saß dann endlos am Flügel. In einer Anwandlung von Trotz spielte sie als Erstes ihre Bach-Partita. Ab und an trat sie mit Mark Berner, einem Anwalt und Amateursänger, auf, und am Nachmittag hatte sie gesehen, dass er morgen das Krankenhaus in dem Zeugen-Jehovas-Fall vertreten würde. Ihr nächstes Konzert sollte erst in einigen Monaten stattfinden, kurz vor Weihnachten, in der Great Hall von Gray's Inn, und über das Programm mussten sie sich noch einigen. Aber ein paar Lieder hatten sie als Zugaben immer im Repertoire, und die spielte sie jetzt durch, ließ den Tenor in ihrem Kopf singen und verweilte bei Schuberts schwermütigem Leiermann, so arm und elend und missachtet. Die Konzentration hielt alle Gedanken in Schach, und sie merkte gar nicht, wie die Zeit verging. Als sie schließlich vom Flügel aufstand, waren ihre Knie und Hüften ganz steif. Im Bad zerbiss sie eine Schlaftablette, nahm die eine Hälfte, besah den krümeligen Rest in ihrer Hand und schluckte auch den.

Zwanzig Minuten später lag sie auf ihrer Seite des Betts und hörte mit geschlossenen Augen die Radionachrichten, den Seewetterbericht, die Nationalhymne, dann das Auslandsjournal. Während sie auf den Schlaf wartete, kamen ein zweites und vielleicht ein drittes Mal die Nachrichten, dann ruhige Stimmen, die über die Greuel des Tages diskutierten – Selbstmordattentate auf belebten Plätzen in Pakistan und Irak, die Bombardierung von Wohnhäusern in Syrien, der Krieg des Islam gegen sich selbst, mit seinen zerfetzten Autokarosserien und eingestürzten Fassaden, den über Marktplätze verstreuten Körperteilen, dem Schmerz- und Klagegeheul einfacher Leute. Dann wandte sich die Diskussion den amerikanischen Drohnen über Wasiristan zu, dem blutigen Anschlag auf eine Hochzeitsgesellschaft vorige Woche. Und während diese vernünftigen Stimmen weiter in die Nacht hineinsprachen, rollte sie sich zu einem unruhigen Schlaf zusammen.

* * *

Der Vormittag verging wie hundert andere. Anträge und Eingaben rasch lesen, Plädoyers hören, Urteile verkünden, Verfügungen erlassen, zwischen Büro und Gerichtssaal hin und her eilen, unterwegs Begegnungen mit Kollegen, etwas geradezu Festliches in diesen raschen Wortwechseln, der müde Ruf des Gerichtsdieners, »Erheben Sie sich«, Fionas fast unmerkliches Nicken in Richtung des Anwalts, der als Erster dran war, ihre matten Scherze, von den Anwälten beider Seiten mit kriecherischem Lächeln und kaum verhohlener Unaufrichtigkeit quittiert, und die prozessführenden Parteien, an diesem Dienstagmorgen ausschließlich Scheidungspaare, die mit deutlichem Abstand voneinander hinter ihren Anwälten saßen, ganz und gar nicht zum Lächeln aufgelegt.

Und ihre Stimmung? Sie hielt sich für einigermaßen geübt darin, sie zu registrieren, sie in Worte zu fassen, und hatte eine deutliche Veränderung bemerkt. Gestern, befand sie jetzt, war sie in Schockstarre gewesen, in einem unwirklichen Zustand der Ergebenheit, in dem sie sich allen Ernstes sagte, dass sie schlimmstenfalls das Mitgefühl von Familie und Freunden und ein gewisses Maß an gesellschaftlichen Unannehmlichkeiten zu ertragen haben würde – die geprägten Einladungen, die sie ausschlagen müsste, ohne sich ihre Verlegenheit anmerken zu lassen. Aber heute beim Aufwachen, die linke Bettseite neben ihr leer und kalt – auch eine Form von Amputation –, hatte sie erstmals den klassischen Schmerz des Verlassenseins gespürt. Sie dachte an Jack zu seinen besten Zeiten und sehnte sich nach ihm, nach seinen behaarten Schienbeinen, an denen sie beim ersten Schrillen des Weckers, noch im Halbschlaf, die weiche Unterseite ihres Fußes entlanggleiten ließ, um sich dann auf seinen ausgestreckten Arm zu wälzen und noch ein Weilchen unter der warmen Bettdecke zu dösen, ihr Gesicht an seiner Brust, bis der Wecker zum zweiten Mal klingelte. Diese nackte, kindliche Hingabe, ehe sie dann aufstand und die Rüstung einer

Erwachsenen anlegte, erschien ihr an diesem Morgen als etwas Unentbehrliches, das man ihr geraubt hatte. Als sie im Bad den Schlafanzug auszog, sah ihr Körper in dem großen Spiegel läppisch aus. An manchen Stellen merkwürdig geschrumpft, an anderen aufgedunsen. Hüftlastig. Ein groteskes Paket. Vorsicht zerbrechlich – hier oben! Warum sollte jemand sie nicht verlassen?

Waschen, anziehen, Kaffee trinken, der Putzfrau einen Zettel und den neuen Schlüssel hinterlegen: Damit bekam sie diese rohen Gefühle in den Griff. Und so begann sie den Morgen, suchte in E-Mails, SMS und Post nach einem Zeichen von ihrem Mann, fand nichts, nahm ihre Akten, den Schirm, das Handy und die neuen Schlüssel und ging zur Arbeit. Sein Schweigen war rücksichtslos und empörend. Sie wusste nur, dass Melanie, die Statistikerin, irgendwo in der Nähe von Muswell Hill wohnte. Nicht unmöglich, sie aufzuspüren oder Jack in der Universität ausfindig zu machen. Aber was für eine Demütigung, wenn er ihr dort im Institutsflur Arm in Arm mit seiner Geliebten entgegen käme! Oder auch allein. Sollte sie ihn etwa anflehen, sinn- und würdelos, zu ihr zurückzukehren? Sie könnte von ihm die Bestätigung verlangen, dass er sie wirklich verlassen hatte, aber dann würde er nur sagen, was sie bereits wusste und nicht hören wollte. Also lieber warten, bis er auf der Suche nach irgendeinem Buch oder Hemd oder Tennisschläger vor der verschlossenen Wohnungstür stand. Dann wäre es seine Aufgabe, sie aufzuspüren, das Gespräch fände auf ihrem Terrain statt, und ihre Würde wäre, zumindest nach außen hin, gewahrt.

Man mochte es ihr nicht ansehen, aber ihre Laune war

finster, als sie sich an diesem Dienstag an die Arbeit machte. Der letzte Fall des Vormittags zog sich wegen einer komplizierten wirtschaftsrechtlichen Streitfrage in die Länge. Ein scheidungswilliger Ehemann behauptete, er könne die drei Millionen Pfund nicht zahlen, die seiner Frau laut Gerichtsbeschluss zustanden. Das Geld gehöre seiner Firma. Nach und nach, aber viel zu langsam, kam ans Licht, dass er der alleinige Direktor und einzige Angestellte eines Unternehmens war, das nichts produzierte und nichts tat – ein Feigenblatt zum Zweck der Steueroptimierung. Fiona entschied zugunsten der Frau. Damit war nun der Nachmittag frei für den Eilantrag der Klinik im Zeugen-Jehovas-Fall. Wieder in ihrem Büro, aß sie am Schreibtisch ein Sandwich und einen Apfel und las die entsprechenden Dokumente. Unterdessen tafelten ihre Kollegen prachtvoll in Lincoln's Inn. Vierzig Minuten später begleitete sie, auf dem Weg zum Gerichtssaal Nummer acht, ein einziger, klärender Gedanke. Hier ging es um Leben und Tod.

Sie trat ein, alle erhoben sich, sie nahm Platz und wartete, bis die Parteien im Saal unten sich gesetzt hatten. Vor ihr lag ein dünner Stoß Papier, neben den sie ihren Federhalter legte. Erst dann, beim Anblick dieser cremeweißen, sauberen Bögen, verschwanden die letzten Spuren, der Makel ihrer eigenen Situation vollständig aus ihrem Bewusstsein. Sie hatte kein Privatleben mehr, sie war bereit, sich vereinnahmen zu lassen.

Vor ihr waren die drei Parteien aufgereiht. Für die Klinik ihr Freund Mark Berner, Kronanwalt, und zwei beratende Anwälte. Für Adam Henry und seinen Vormund (eine Dame vom Jugendamt) ein älterer Anwalt namens John Tovey, den

Fiona nicht kannte, und noch ein beratender Anwalt. Für die Eltern Kronanwalt Leslie Grieve und zwei weitere Anwälte. Daneben die Eltern selbst, Mr und Mrs Henry. Er drahtig und braungebrannt – mit seinem gutgeschnittenen Anzug und der Krawatte hätte er ohne weiteres ebenfalls als erfolgreicher Vertreter der juristischen Zunft durchgehen können. Mrs Henry grobknochig und mit einer überdimensionalen roten Brille auf der Nase, die ihre Augen zu Punkten schrumpfen ließ. Sie saß stramm aufrecht mit fest verschränkten Armen. Beide machten sie keinen sonderlich eingeschüchterten Eindruck. Draußen auf den Korridoren, nahm Fiona an, würden sich bald die Journalisten scharen und darauf warten, dass sie zur Urteilsverkündung in den Saal durften.

Sie begann. »Ihnen allen ist bekannt, dass wir hier eine Sache von äußerster Dringlichkeit verhandeln. Uns läuft die Zeit davon. Bedenken Sie das bitte, und fassen sich kurz. Mr Berner.«

Sie nickte ihm zu, und er stand auf. Er war kahlköpfig und korpulent, hatte aber sehr zierliche Füße – Schuhgröße achtunddreißig, wurde gemunkelt –, über die man sich hinter seinem Rücken lustig machte. Seine Stimme war ein volltönender Tenor, und ihren größten gemeinsamen Erfolg hatten sie letztes Jahr mit Schuberts *Erlkönig* gefeiert, bei einem Dinner in Gray's Inn zu Ehren eines in den Ruhestand gehenden Lordrichters mit einer Passion für Goethe.

»Ich werde mich in der Tat kurz fassen, Mylady, denn wie Sie sagen, die Zeit drängt. Antragstellerin ist die Edith-Cavell-Klinik in Wandsworth. Sie bittet dieses Gericht um Genehmigung, einen Jungen, in den Akten A genannt, zu behandeln, der in knapp drei Monaten achtzehn werden wird.

Am vierzehnten Mai verspürte er plötzlich starke Magenschmerzen, als er sich für ein Spiel der Kricketmannschaft seiner Schule die Knieschützer anlegte. Im Lauf der folgenden zwei Tage nahmen diese Schmerzen bis zur Unerträglichkeit zu. Sein Hausarzt fand trotz enormer Kompetenz und Erfahrung keine Erklärung dafür und überwies ...«

»Ich habe die Akten gelesen, Mr Berner.«

Der Anwalt fuhr fort. »Gut, Mylady. Allen Parteien dürfte also bekannt sein, dass Adam an Leukämie erkrankt ist. Die Klinik möchte ihn auf die übliche Art und Weise mit vier Medikamenten behandeln, ein anerkanntes therapeutisches Verfahren, das von Hämatologen weltweit praktiziert wird, wie ich Ihnen kurz darlegen kann ...«

»Nicht nötig, Mr Berner.«

»Ich danke Ihnen, Mylady.«

Berner skizzierte nun die gängige Behandlungsmethode, ohne dass Fiona ihn unterbrach. Zwei der vier Medikamente attackierten gezielt die Leukämiezellen. Die beiden anderen hingegen richteten auch rundherum mancherlei Schäden an, insbesondere am Knochenmark, wodurch dessen Fähigkeit, rote und weiße Blutkörperchen und Thrombozyten zu produzieren, und mithin das Immunsystem, geschwächt wurde. Daher sei es üblich, während der Behandlung Bluttransfusionen zu verabreichen. Im vorliegenden Fall jedoch sehe sich die Klinik daran gehindert. Adam und seine Eltern seien Zeugen Jehovas, und ihr Glaube verbiete ihnen die Zufuhr von Blutprodukten in ihren Organismus. Davon abgesehen, seien der Junge und seine Eltern mit jeder Behandlung einverstanden, die das Krankenhaus anzubieten habe.

»Und was wurde angeboten?«

»Mylady, den Wünschen der Familie entsprechend, wurden nur die leukämiespezifischen Medikamente eingesetzt. Sie reichen aber nach Ansicht der Ärzte nicht aus. Hierzu möchte ich jetzt den medizinischen Sachverständigen, den Hämatologen, aufrufen.«

»Gut.«

Mr Rodney Carter betrat den Zeugenstand und wurde vereidigt. Hochgewachsen, gebeugt, ernst, buschige weiße Augenbrauen, unter denen er mit grimmiger Verachtung hervorblickte. Aus der Brusttasche seines hellgrauen Dreiteilers sah ein blaues Seidentüchlein hervor. Er vermittelte den Eindruck, dass er das ganze Verfahren für dummes Zeug hielt und man den Jungen seiner Meinung nach beim Kragen packen und ihm auf der Stelle eine Transfusion verpassen sollte.

Es folgten die üblichen Fragen zu Carters Vertrauenswürdigkeit, Position und Berufserfahrung. Fiona brauchte sich nur leise zu räuspern, und schon kürzte Berner ab und bat den Arzt, der Richterin in knappen Worten den Zustand des Jungen zu schildern.

»Gar nicht gut.«

Er wurde gebeten, das näher zu erläutern.

Carter holte Luft und sah sich um, erblickte die Eltern und sah weg. Sein Patient sei schwach, sagte er, und zeige wie erwartet die ersten Anzeichen von Atemnot. Wenn er, Carter, bei der Therapie freie Hand gehabt hätte, wäre mit achtzig- bis neunzigprozentiger Wahrscheinlichkeit eine vollständige Remission zu erwarten gewesen. Die aktuelle Behandlung habe diese Wahrscheinlichkeit erheblich verringert.

Berner bat um konkrete Angaben zu Adams Blutwerten.

Zum Zeitpunkt seiner Einlieferung, sagte Carter, habe man bei dem Jungen einen Hämoglobinwert von 8,3 Gramm pro Deziliter ermittelt. Die Norm liege bei 12,5. Der Wert sei stetig gesunken. Vor drei Tagen habe er 6,4 betragen. Heute früh 4,5. Bei 3 werde es schon äußerst gefährlich.

Mark Berner setzte zu einer Frage an, aber Carter ließ ihn nicht zu Wort kommen.

»Der Leukozytenwert liegt normalerweise zwischen 5 und 9. Bei ihm beträgt er zurzeit 1,7. Was die Thrombozyten betrifft...«

Fiona unterbrach ihn. »Seien Sie so freundlich und erinnern mich an deren Funktion.«

»Notwendig für die Blutgerinnung, Mylady.«

Der Normwert, erklärte der Sachverständige dem Gericht, liege bei 250. Bei dem Jungen betrage er 34. Sinke der Wert unter 20, sei mit spontanen Blutungen zu rechnen. An dieser Stelle wandte Mr Carter sich ein wenig um, so dass er zu den Eltern zu sprechen schien. »Die jüngste Analyse«, sagte er ernst, »zeigt uns, dass kein neues Blut mehr produziert wird. Ein gesunder Heranwachsender produziert etwa 500 Milliarden Blutzellen pro Tag.«

»Und wenn Sie ihm Transfusionen geben könnten, Mr Carter?«

»Dann stünden die Aussichten des Jungen nicht schlecht. Allerdings nicht so gut, wie wenn wir von Anfang an transfundiert hätten.«

Berner ließ das kurz im Raum stehen, und bei seiner nächsten Frage senkte er theatralisch die Stimme, als fürchte er, Adam Henry könnte mitbekommen, was er da sagte. »Haben

Sie mit Ihrem Patienten besprochen, was ihn erwartet, wenn er keine Transfusionen bekommt?«

»Nur sehr allgemein. Er weiß, dass er sterben könnte.«

»Aber er weiß nicht, wie er sterben würde. Könnten Sie das dem Gericht kurz erläutern?«

»Wenn Sie wünschen.«

Berner und Carter hatten sich offenbar abgesprochen, um den Eltern die schaurigen Details vor Augen zu führen. Fiona hielt das für eine vernünftige Strategie und schritt nicht ein.

Carter sagte bedächtig: »Es wird qualvoll, nicht nur für ihn selbst, sondern auch für die behandelnden Ärzte. Einige von ihnen sind empört. Transfusionen sind für sie etwas Alltägliches, den lieben langen Tag hängen sie Konserven an, wie sie es nennen. Sie verstehen einfach nicht, warum sie riskieren sollen, diesen Patienten zu verlieren. Im letzten Stadium wird er um jeden einzelnen Atemzug kämpfen, ein Kampf, der ihn in furchtbare Angst versetzen wird und den er nur verlieren kann. Er wird das Gefühl haben, langsam zu ertrinken. Zuvor könnten innere Blutungen auftreten. Nierenversagen ist nicht auszuschließen. Manche Patienten erblinden. Oder er erleidet einen Schlaganfall, mit allen möglichen neurologischen Konsequenzen. Der Verlauf ist unterschiedlich. Fest steht nur, dass es ein entsetzlicher Tod wäre.«

»Ich danke Ihnen, Mr Carter.«

Leslie Grieve, der Anwalt der Eltern, erhob sich zum Kreuzverhör. Fiona kannte Grieve ein wenig mehr als nur dem Namen nach, hätte aber in diesem Augenblick nicht zu sagen gewusst, ob sie jemals in einem Verfahren mit ihm zu tun hatte. Doch gelegentlich war er ihr im Gerichtsgebäude über den Weg gelaufen – ein etwas geckenhafter Mann mit silberweißem Haar, Mittelscheitel, hohen Wangenknochen und langer, schmaler, arrogant gerümpfter Nase. Seine Gebärden hatten etwas Lockeres, Lässiges, das sich angenehm von den verhaltenen Bewegungen seiner ernsteren Kollegen absetzte. Kompliziert wurde seine flamboyante Erscheinung durch ein Problem mit seinen Augen, eine Art leichtes Schielen: Nie schien er den Blick auf das zu richten, was er ansah – ein Handicap, das ihn noch attraktiver machte. Manche Zeugen ließen sich im Kreuzverhör davon verunsichern, und vielleicht lag es auch daran, dass der Arzt nun Nerven zeigte.

»Sie stimmen mir doch zu, Mr Carter«, begann Grieve, »dass es ein fundamentales Recht eines jeden Erwachsenen ist, über seine ärztliche Behandlung frei zu entscheiden?«

»In der Tat.«

»Und dass eine Behandlung ohne die Einwilligung eines Patienten eine Verletzung seiner persönlichen Freiheit darstellen würde, womöglich gar eine Körperverletzung?«

»Das sehe ich auch so.«

»Und Adam ist doch, nach den gesetzlichen Bestimmungen, fast schon erwachsen.«

»Auch wenn er morgen früh achtzehn werden würde, wäre er heute noch minderjährig.«

Das sagte Carter mit Nachdruck. Aber Grieve ließ sich nicht aus der Ruhe bringen. »Adam steht unmittelbar vor der Volljährigkeit. Ist es nicht so, dass er seine Haltung zu seiner Behandlung vernünftig und deutlich zum Ausdruck gebracht hat?«

Hier richtete sich der gebückt dastehende Arzt auf und wurde noch ein Stück größer. »Seine Haltung ist die seiner Eltern. Es ist nicht seine eigene. Seine Ablehnung von Bluttransfusionen basiert auf den Lehren einer religiösen Sekte, für die er sehr wahrscheinlich einen sinnlosen Märtyrertod sterben wird.«

»Sekte ist ein starkes Wort, Mr Carter«, sagte Grieve ruhig. »Gehören Sie selbst einer Glaubensgemeinschaft an?«

»Ich bin Anglikaner.«

»Ist die Kirche von England eine Sekte?«

Fiona sah von ihren Notizen auf. Grieve nahm ihren Blick zur Kenntnis, schürzte die Lippen und holte tief Luft. Der Arzt schien drauf und dran, den Zeugenstand zu verlassen, aber der Anwalt war noch nicht mit ihm fertig.

»Mr Carter, ist Ihnen bekannt, dass nach Schätzungen der Weltgesundheitsorganisation etwa fünfzehn bis zwanzig Prozent aller neuen AIDS-Erkrankungen auf Bluttransfusionen zurückzuführen sind?«

»In meiner Klinik hat es noch nie einen solchen Fall gegeben.«

»Stimmt es, dass sich an der Bluterkrankheit leidende Menschen in vielen Ländern massenweise mit AIDS infiziert haben?«

»Das war vor langer Zeit und passiert heute nicht mehr.«

»Sind bei Transfusionen nicht auch andere Infektionen möglich? Hepatitis, Lyme-Borreliose, Malaria, Syphilis, die Chagas-Krankheit, die Graft-versus-Host-Krankheit, transfusionsinduzierte Lungenerkrankungen. Und natürlich die Creutzfeldt-Jacob-Krankheit.«

»Alles außerordentlich selten.«

»Aber alles schon vorgekommen. Des Weiteren hämolytische Reaktionen als Folge falsch zugeordneter Blutgruppen.«

»Ebenfalls selten.«

»Tatsächlich? Ich zitiere, Mr Carter, aus dem hochangesehenen *Handbuch der Blutkonservierung*: ›Von der Entnahme einer Blutprobe bis zur Transfusion an einen Patienten gibt es mindestens siebenundzwanzig Zwischenschritte, und bei jedem einzelnen dieser Schritte kann es zu Fehlern kommen.‹«

»Unsere Mitarbeiter sind hervorragend geschult. Wir arbeiten sehr sorgfältig. Eine hämolytische Reaktion hatten wir seit Jahren nicht mehr.«

»Wenn wir alle diese Risiken aufsummieren, finden Sie nicht auch, Mr Carter, dass da ein rationaler Mensch ins Grübeln kommen kann, ohne dass er dafür Mitglied einer, wie Sie das nennen, Sekte sein muss?«

»Blutprodukte werden heutzutage nach strengsten Vorgaben getestet.«

»Gleichwohl wären Bedenken gegen eine Bluttransfusion nicht gänzlich irrational.«

Carter überlegte kurz. »Bedenken, das mag schon sein. Aber eine glatte Verweigerung in einem Fall wie dem von Adam wäre irrational.«

»Bedenken sind in Ordnung, das geben Sie zu. In Anbetracht der zahlreichen Möglichkeiten von Infektionen und Fehlern hätte also ein Patient durchaus begründeten Anlass, bei so einer Entscheidung auf Mitsprache zu bestehen.«

Der Sachverständige übte sich theatralisch in Selbstbeherrschung. »Sie spielen mit Worten. Wenn ich diesen Patienten nicht transfundieren darf, stehen seine Überlebenschancen schlecht. Zum allermindesten könnte er das Augenlicht verlieren.«

»Gibt es in Ihrem Beruf nicht eine etwas unbedachte Neigung zu Transfusionen, wenn man sich die Risiken vor Augen führt? Von einer evidenzbasierten Vorgehensweise kann ja wohl keine Rede sein, oder, Mr Carter? Ein bisschen wie beim Aderlass dazumals, natürlich umgekehrt. Patienten, die während einer Operation einen Sechstelliter Blut verlieren, werden routinemäßig transfundiert, ja? Aber ein Blutspender, der einen halben Liter abgibt, geht anschließend gleich wieder zur Arbeit, wie wenn nichts passiert wäre.«

»Ich kann mich zu ärztlichen Entscheidungen von anderen nicht äußern. Nach allgemeinem Dafürhalten sollte ein durch eine Operation geschwächter Patient so viel Blut erhalten, wie er in Gottes Namen braucht.«

»Behandelt man erkrankte Zeugen Jehovas heutzutage nicht mit einer Methode, die man unblutige Chirurgie nennt? Transfusionen sind dabei nicht nötig. Erlauben Sie mir, aus der amerikanischen Fachzeitschrift für HNO-Heilkunde zu zitieren: ›Unblutige Chirurgie hat sich zu einer Methode der Wahl entwickelt und könnte in Zukunft durchaus zum Standard werden.‹«

Der Sachverständige machte eine wegwerfende Handbewegung. »Wir reden hier nicht von Chirurgie. Dieser Patient braucht Blut, weil er infolge seiner Behandlung kein eigenes produzieren kann. So einfach ist das.«

»Ich danke Ihnen, Mr Carter.«

Grieve nahm Platz, und Adam Henrys Anwalt, John Tovey, der offenbar auf einen Stock mit Silberknauf angewiesen war, erhob sich schwer atmend und nahm den Sachverständigen ins Kreuzverhör.

»Sie haben mit Adam gewiss Gespräche unter vier Augen geführt.«

»Richtig.«

»Haben Sie sich einen Eindruck von seiner Intelligenz machen können?«

»Er ist außerordentlich intelligent.«

»Kann er sich gut ausdrücken?«

»Ja.«

»Ist sein Urteils- oder Denkvermögen durch seinen klinischen Zustand getrübt?«

»Noch nicht.«

»Haben Sie ihm gesagt, dass er Transfusionen braucht?«

»Ja.«

»Und was hat er geantwortet?«

»Er lehnt Transfusionen entschieden ab, aus religiösen Gründen.«

»Ist Ihnen sein genaues Alter in Jahren und Monaten bekannt?«

»Er ist siebzehn Jahre und neun Monate alt.«

»Ich danke Ihnen, Mr Carter.«

Berner erhob sich zu einer erneuten Einvernahme.

»Mr Carter, könnten Sie mir noch einmal sagen, seit wann Sie als Facharzt für Hämotologie tätig sind?«

»Seit siebenundzwanzig Jahren.«

»Wie groß ist das Risiko einer unerwünschten Reaktion bei einer Bluttransfusion?«

»Sehr niedrig. Nichts im Vergleich zu dem Schaden, der diesem Patienten gewiss ist, wenn keine Transfusion vorgenommen wird.«

Berner signalisierte, dass er keine weiteren Fragen hatte.

Aber Fiona hatte noch eine: »Was glauben Sie, Mr Carter, wie viel Zeit bleibt uns noch, diese Angelegenheit zu klären?«

»Wenn ich dem Jungen nicht bis morgen früh Blut geben kann, wird es äußerst gefährlich.«

Berner setzte sich. Fiona dankte dem Arzt, der sich mit einem knappen, womöglich ärgerlichen Nicken in ihre Richtung verabschiedete. Grieve stand auf und sagte, er wolle jetzt gleich den Vater aufrufen. Als Mr Henry den Zeugenstand betrat, fragte er, ob er seinen Eid auf die Neue-Welt-Übersetzung der Bibel leisten könne. Der Sekretär erklärte ihm, man habe nur die King-James-Version da. Mr Henry nickte, legte den Eid ab und richtete seinen Blick geduldig auf Grieve.

Kevin Henry war knapp einen Meter siebzig groß und hatte den geschmeidigen, athletischen Körperbau eines Trapezkünstlers. Er mochte ein Virtuose mit dem Bagger sein, schien sich aber auch in seinem gutgeschnittenen grauen Anzug und der blassgrünen Seidenkrawatte wohl zu fühlen. Leslie Grieves Fragen an ihn sollten das Bild einer schweren Jugend erstehen lassen, gefolgt vom Aufblühen einer stabilen und glücklichen Familie. Wer konnte daran zweifeln? Die Henrys hatten jung geheiratet, mit neunzehn, vor siebzehn Jahren. Die ersten Jahre, in denen Kevin als Arbeiter schuftete, waren hart. Er war »ein recht wilder Geselle«, trank zu viel, schikanierte seine Frau Naomi (geschlagen hatte er sie jedoch nie). Da er oft zu spät zur Arbeit kam, wurde er schließlich entlassen. Er konnte die Miete nicht mehr bezahlen, die ganze Nacht schrie das Baby, das Paar hatte ständig Krach, die Nachbarn beschwerten sich. Den Henrys drohte der Rausschmiss aus ihrer Einzimmerwohnung in Streatham.

Die Rettung kam in Gestalt zweier höflicher junger Männer aus Amerika, die eines Nachmittags bei Naomi an der Wohnungstür klingelten. Tags darauf erschienen sie wieder und sprachen mit Kevin, der sich zunächst feindselig gebärdete. Dann ein Besuch im nächstgelegenen Königreichssaal, wo man sie freundlich empfing, und nach und nach – dank netter Leute, die bald zu Freunden wurden, hilfreicher Gespräche mit klugen Gemeindeältesten und schließlich auch des Bibelstudiums, das ihnen anfangs schwerfiel –, nach und nach zogen Ordnung und Frieden bei ihnen ein. Kevin und Naomi begannen in der Wahrheit zu leben. Sie hörten von der Zukunft, die Gott für die Menschheit bereithielt, und erfüllten ihre Pflicht, indem sie die Kunde verbreiteten. Sie erfuhren, dass es ein Paradies auf Erden geben würde und sie daran teilhaben konnten, wenn sie zu jener privilegierten Schar zählten, die die Zeugen als »andere Schafe« bezeichneten.

Allmählich begriffen sie, wie kostbar das Leben war. Sie wurden bessere Eltern, ihr Sohn wurde ruhiger. Kevin besuchte einen staatlich geförderten Kurs zur Arbeit mit Baumaschinen. Bald nach dem Abschluss wurde ihm ein Job angeboten. Als sie mit Adam zum Königreichssaal unterwegs waren, wo sie ein Dankgebet sprechen wollten, bekannten die beiden einander, dass sie wieder verliebt waren wie am ersten Tag. Sie gingen Hand in Hand, das hatten sie noch nie getan. Seit dieser Zeit lebten sie in der Wahrheit und hatten Adam, unterstützt vom engen Zirkel ihrer Zeugen-Freunde, in der Wahrheit erzogen. Vor fünf Jahren hatte Kevin seine eigene Firma gegründet. Er besaß ein paar Bagger und Kipplaster und einen Kran und beschäftigte neun Arbeiter. Jetzt hatte es Gott gefallen, ihren Sohn mit Leukämie zu schlagen, und Kevin und Naomi sahen ihren Glauben auf die äußerste Probe gestellt.

Mr Henry hatte auf jede der stichwortartigen Fragen des Anwalts eine wohlerwogene Antwort parat. Er wirkte vor Gericht respektvoll, aber nicht eingeschüchtert wie so viele andere Leute. Er sprach offen von seinen früheren Fehlern, erzählte ohne jede Verlegenheit von jenem Moment des Händchenhaltens und verwendete dabei sogar das Wort Liebe. Mehrere Fragen von Grieve beantwortete er, indem er sich zu Fiona umdrehte und ihr in die Augen blickte. Unwillkürlich versuchte sie seinen Akzent einzuordnen. Ein wenig Cockney, ein Hauch West Country – die selbstbewusste Stimme eines Mannes, der seiner Kompetenz gewiss und es gewohnt war, Anweisungen zu erteilen. Manche britischen Jazzmusiker sprachen so, ein Tennistrainer, den sie kannte, Unteroffiziere, höhere Polizeibeamte, Sanitäter, ein Vorarbeiter einer Bohrinsel, den sie einmal in einer Verhandlung vor sich gehabt hatte. Männer, die den Lauf der Welt nicht bestimmten, sie aber am Laufen hielten.

Grieve legte zum Abschluss dieses fünfminütigen Rückblicks eine Pause ein und bat dann leise: »Mr Henry, erklären Sie dem Gericht bitte, warum Adam Bluttransfusionen ablehnt.«

Mr Henry zögerte, als dächte er zum ersten Mal über diese Frage nach. Er wandte sich um und richtete seine Antwort an Fiona. »Sie müssen verstehen«, sagte er, »Blut ist die Essenz des Menschlichen. Es ist die Seele, es ist das Leben selbst. Und so wie das Leben ist auch das Blut heilig.« Er schien es dabei belassen zu wollen, fügte dann aber noch rasch hinzu: »Blut steht für das Geschenk des Lebens, für das jede lebende Seele dankbar sein sollte.« Er sprach diese Sätze nicht wie innige Überzeugungen aus, sondern wie Tatsachen, im Ton eines Ingenieurs, der die Konstruktion einer Brücke beschreibt.

Grieve gab durch sein abwartendes Schweigen zu verstehen, dass seine Frage noch nicht beantwortet war. Aber Kevin Henry war fertig und sah stur nach vorn.

Grieve hakte nach. »Wenn Blut ein Geschenk ist, warum sollte Ihr Sohn es dann nicht von den Ärzten annehmen?«

»Wer sein Blut mit dem eines Tieres oder eines anderen Menschen vermischt, verunreinigt es, beschmutzt es. Er weist das wunderbare Geschenk des Schöpfers zurück. Darum verbietet Gott das ausdrücklich in Genesis, Levitikus und in der Apostelgeschichte.«

Grieve nickte. Mr Henry erklärte schlicht: »Die Bibel ist das Wort Gottes. Adam weiß, dass man es befolgen muss.«

»Lieben Sie und Ihre Frau Ihren Sohn, Mr Henry?«

»Ja. Wir lieben ihn«, antwortete er leise und sah Fiona trotzig an.

»Und wenn die Verweigerung von Bluttransfusionen zu seinem Tod führen sollte?«

Wieder starrte Kevin Henry vor sich hin auf die holzvertäfelte Wand. Schließlich sagte er mit fester Stimme: »Er wird seinen Platz im künftigen Königreich Gottes auf Erden einnehmen.«

»Und Sie und Ihre Frau? Wie werden Sie sich fühlen?«

Naomi Henry saß immer noch kerzengerade, ihre Miene hinter der Brille war unmöglich zu deuten. Sie wandte ihr Gesicht dem Anwalt zu, nicht ihrem Mann im Zeugenstand. Fiona konnte von oben nicht erkennen, ob Mrs Henrys von den Brillengläsern verkleinerte Augen offen waren oder nicht.

»Er wird getan haben, was wahr und richtig ist«, sagte Kevin Henry, »was der Herr befohlen hat.«

Wieder hielt Grieve kurz inne, um dann leise zu fragen: »Sie werden unendlich traurig sein, oder, Mr Henry?«

Der ach-so-gütige Ton des Anwalts verschlug dem Vater die Stimme. Er konnte nur nicken. Fiona sah seine Halsmuskeln zucken, als er um Fassung rang.

»Ist diese Weigerung Adams Entscheidung oder in Wahrheit die Ihre?«, fragte der Anwalt.

»Wir könnten ihn nicht davon abbringen, selbst wenn wir wollten.«

Grieve schlug in seiner Befragung noch einige Minuten lang in die gleiche Kerbe, versuchte aufzuzeigen, dass der Junge nicht unzulässig beeinflusst worden war. Zwei Gemeindeälteste hatten den Jungen mehrmals im Krankenhaus besucht. Mr Henry hatte nicht dabei sein dürfen. Aber hinterher, auf dem Korridor, hatten die Ältesten ihm erzählt, es habe sie beeindruckt und tief bewegt, wie sehr der Junge sich über seine Situation im Klaren sei und wie gut er sich in der Heiligen Schrift auskenne. Sie hätten keinen Zweifel daran, dass er wisse, was er wolle, und dass er in der Wahrheit lebe und zum Sterben bereit sei.

Fiona spürte, dass Berner Einspruch erheben wollte. Aber um diese Aussage, die auf Hörensagen beruhte, zurückzuweisen, war ihr die Zeit zu schade, und das wusste er auch.

Mit seinen abschließenden Fragen gab Leslie Grieve dem Vater Gelegenheit, die emotionale Reife seines Sohns herauszustreichen. Dies tat Mr Henry mit Stolz, nichts in seinem Tonfall ließ nun erkennen, dass er ihn bald zu verlieren drohte.

Es war schon halb vier, als Mark Berner sich zum Kreuzverhör erhob. Zunächst bekundete er Mr und Mrs Henry wegen der Krankheit ihres Sohns sein Mitgefühl und äußerte Hoffnung auf eine vollständige Genesung – ein, zumindest für Fiona, sicheres Zeichen, dass der Anwalt gleich hart zur Sachen gehen würde. Kevin Henry neigte den Kopf.

»Als Erstes habe ich eine ganz einfache Frage, Mr Henry. Die von Ihnen erwähnten Bücher der Bibel, Genesis, Levitikus und die Apostelgeschichte, verbieten, Blut zu *essen*, beziehungsweise ermahnen in einem Fall, sich dessen zu enthalten. In der Neue-Welt-Übersetzung der Genesis heißt es zum Beispiel: ›Nur Fleisch mit seiner Seele – seinem Blut – sollt ihr nicht essen.‹«

»Das ist korrekt.«

»Also kein Wort von Transfusion.«

Mr Henry erwiderte geduldig: »Im griechischen und hebräischen Originaltext hat das Wort die Bedeutung ›in den Körper aufnehmen‹.«

»Meinetwegen. Aber in der Eisenzeit, als diese Texte entstanden, gab es keine Transfusion. Wie konnte sie dann verboten sein?«

Kevin Henry schüttelte den Kopf. Etwas wie Mitleid oder großherzige Toleranz schwang in seiner Stimme. »In Gottes Geist gab es sie bereits. Sie müssen verstehen, diese Bücher sind Gottes Wort. Er hat die von ihm erwählten Propheten inspiriert, und sie haben seinen Willen niedergeschrieben. Es spielt keine Rolle, in welchem Zeitalter das geschah, ob Steinzeit, Bronzezeit oder was auch immer.«

»Das mag schon sein, Mr Henry. Aber viele Zeugen Jehovas ziehen diese Haltung zur Transfusion genau deswegen in Zweifel. Sie akzeptieren Blutprodukte, oder jedenfalls bestimmte Blutprodukte, ohne darin einen Verstoß gegen ihre Glaubensgrundsätze zu sehen. Ist es nicht so, dass dem jungen Adam auch andere Möglichkeiten offenstehen und Sie ihm gut zureden könnten, diese zu ergreifen, um sein Leben zu retten?«

Henry wandte sich an Fiona. »Es gibt einige wenige, die von den Lehren der Leitenden Körperschaft abweichen. In unserer Gemeinde kenne ich niemanden, und unsere Ältesten haben dazu eine ganz eindeutige Meinung.«

Berners polierter Schädel glänzte im Licht der Deckenlampen. Ganz die Parodie des unerbittlichen Anwalts, fasste er sich mit der rechten Hand ans Revers. »Diese strenggläubigen Ältesten haben Ihren Sohn täglich besucht, nicht wahr? Die möchten unbedingt verhindern, dass er es sich anders überlegt.«

Zum ersten Mal wirkte Kevin Henry gereizt. Er baute sich vor Berner auf, umklammerte das Geländer des Zeugenstands und lehnte sich leicht vor, als halte ihn bloß noch eine unsichtbare Leine zurück. Sein Ton blieb jedoch ruhig. »Das sind freundliche und anständige Männer. Auch Priester anderer Kirchen machen Krankenbesuche. Mein Sohn empfängt von den Ältesten Rat und Trost. Wenn nicht, würde er es mir sagen.«

»Sollte er einer Transfusion zustimmen, droht ihm ›Gemeinschaftsentzug‹, wie Sie das nennen, nicht wahr? Mit anderen Worten, die Gemeinde würde ihn verstoßen.«

»Ausschließen. Aber das wird nicht geschehen. Er wird es sich nicht anders überlegen.«

»Formal ist er noch ein Kind, Mr Henry, in Ihrer Obhut.

Also sind Sie es, den ich dazu bringen möchte, es sich anders zu überlegen. Er hat Angst, gemieden zu werden – so nennt man das doch bei Ihnen? Gemieden zu werden, wenn er nicht tut, was Sie und die Ältesten wollen. Die einzige Welt, die er kennt, würde sich von ihm abwenden, weil er lieber leben als eines furchtbaren Todes sterben will. Ist das eine freie Wahl für einen Jungen?«

Kevin Henry dachte nach. Zum ersten Mal warf er seiner Frau einen Blick zu. »Sie müssten nur fünf Minuten mit ihm verbringen, und Sie würden erkennen, dass er weiß, worum es für ihn geht, und dass er in der Lage ist, in Einklang mit seinem Glauben eine Entscheidung zu treffen.«

»Ich vermute eher, wir würden einen verängstigten und schwerkranken Jungen sehen, der es seinen Eltern um jeden Preis recht machen will. Mr Henry, haben Sie Adam gesagt, dass er Transfusionen bekommen darf, wenn er es wünscht? Und dass Sie ihn dann immer noch lieben würden?«

»Ich habe ihm gesagt, dass ich ihn liebe.«

»Nur das?«

»Das reicht.«

»Ist Ihnen bekannt, wann den Zeugen Jehovas befohlen wurde, Bluttransfusionen zu verweigern?«

»Das Verbot steht in der Genesis. Es gilt seit Erschaffung der Welt.«

»Es gilt seit 1945, Mr Henry. Davor hatte niemand etwas dagegen. Ist Ihnen wohl bei dem Gedanken, dass im letzten Jahrhundert ein Gremium in Brooklyn über das Schicksal Ihres Sohnes entschieden hat?«

Kevin Henry senkte die Stimme – vielleicht aus Ehrfurcht vor dem Thema, vielleicht weil die Frage schwer zu beantworten war. Wieder wandte er sich an Fiona, als er bewegt erklärte: »Der Heilige Geist geleitet die gesalbten Vertreter – wir nennen sie Sklaven, Euer Ehren –, er weist ihnen den Weg zu tiefen Wahrheiten, die wir früher noch nicht begriffen haben.« Er drehte sich wieder zu Berner und sagte nüchtern: »Jehova spricht durch die Leitende Körperschaft zu uns. Sie ist seine Stimme. Wenn die Lehre gelegentlich modifiziert werden muss, dann deshalb, weil Gott seine Absichten nur nach und nach offenbart.«

»Diese Stimme duldet wenig Widerspruch. Ich habe hier eine Ausgabe des *Wachtturms,* in der es heißt, Satan habe zu Beginn seiner Rebellion im Oktober 1914 zum selbständigen Denken aufgerufen und Ihre Glaubensgenossen sollten sich solchen Denkens enthalten. Sagen Sie das auch Adam, Mr Henry? Dass er sich vor Satans Einfluss hüten soll?«

»Wir möchten Uneinigkeit und Streit vermeiden und in Eintracht miteinander leben.« Mr Henrys Selbstvertrauen wuchs. Man hätte meinen können, er führe mit dem Anwalt ein Privatgespräch. »Sie haben wahrscheinlich keine Vorstellung davon, was es bedeutet, sich einer höheren Autorität zu unterwerfen. Vergessen Sie nie, dass wir dies aus freiem Willen tun.«

Die Andeutung eines schiefen Lächelns lag auf Mark Berners Gesicht. Aus Bewunderung für seinen Kontrahenten vielleicht? »Vorhin haben Sie meinem geschätzten Kollegen erzählt, mit Mitte zwanzig sei Ihr Leben ein großes Durcheinander gewesen. Sie waren ein wilder Geselle, haben Sie gesagt. Da scheint es mir eher unwahrscheinlich, Mr Henry, dass Sie einige Jahre vorher, als Sie in Adams Alter waren, genau gewusst haben, was Sie wollten.«

»Er hat sein ganzes Leben in der Wahrheit gelebt. Ich hatte dieses Privileg nicht.«

»Wenn ich mich recht erinnere, haben Sie auch gesagt, Sie hätten entdeckt, dass das Leben etwas Kostbares sei. Meinten Sie damit das Leben anderer Menschen oder Ihr eigenes?«

»Jedes Leben ist ein Geschenk des Herrn. Nur er kann es nehmen.«

»Das sagt sich leicht, Mr Henry, wenn es nicht um das eigene Leben geht.«

»Es sagt sich nicht so leicht, wenn es um das des eigenen Sohnes geht.«

»Adam schreibt Gedichte. Billigen Sie das?«

»Ich finde, es hat für sein Leben keine besondere Relevanz.«

»Sie hatten deswegen Streit mit ihm, richtig?«

»Wir hatten ernsthafte Gespräche.«

»Ist Masturbation eine Sünde, Mr Henry?«

»Ja.«

»Und Abtreibung? Homosexualität?«

»Ebenfalls.«

»Und das hat man Adam zu glauben gelehrt?«

»Er weiß, dass es wahr ist.«

»Ich danke Ihnen, Mr Henry.«

John Tovey erhob sich und erklärte Fiona etwas atemlos, in Anbetracht der vorgerückten Stunde habe er an Mr Henry keine Fragen mehr, wolle aber noch die Sozialarbeiterin vom Jugendamt aufrufen. Marina Greene, eine zierliche Frau mit rotblondem Haar, sprach in kurzen, präzisen Sätzen. Was so spät am Nachmittag durchaus willkommen war. Adam, sagte sie, sei hochintelligent. Er sei äußerst bibelfest. Er kenne die Argumente. Er sage, er sei bereit, für seinen Glauben zu sterben.

Auch das Folgende habe er gesagt, und hier las Marina Greene mit Erlaubnis der Richterin aus ihrem Notizbuch vor: »Ich habe meinen eigenen Kopf. Ich bin nicht meine Eltern. Was auch immer meine Eltern denken mögen, ich entscheide für mich selbst.«

Fiona fragte Mrs Greene, wie das Gericht ihrer Meinung nach entscheiden solle. Sie antwortete, sie sehe das ganz einfach und bitte um Entschuldigung, dass sie sich mit den gesetzlichen Feinheiten nicht auskenne. Der Junge sei klug und redegewandt, aber eben noch sehr jung. »Man sollte nicht zulassen, dass ein Kind sich aus religiösen Gründen umbringt.«

Berner und Grieve hatten keine Fragen an sie.

* * *

Vor den Schlussplädoyers gestattete Fiona eine kurze Pause. Sie verließ den Saal, ging rasch in ihr Zimmer, trank am Schreibtisch ein Glas Wasser und checkte ihre E-Mails und SMS. Von beidem ziemlich viele, aber nichts von Jack. Sie sah noch einmal nach. Nicht Trauer, nicht Wut empfand sie jetzt, sondern ein dumpfes Gefühl von Leere, als habe sich hinter ihr ein Abgrund aufgetan, in dem ihre Vergangenheit zu versinken drohte. Die nächste Phase. Es schien undenkbar, dass der Mensch, den sie am besten kannte, so grausam sein konnte.

Eine Wohltat, Minuten später wieder im Gerichtssaal zu sein. Berner stand auf. Natürlich musste er nun auf die Gillick-Kompetenz zu sprechen kommen – ein wichtiger Referenzpunkt im Familienrecht und in der Pädiatrie. Lord Scarman hatte den Gedanken formuliert, und der Anwalt zitierte ihn jetzt. Ein Kind (das heißt eine Person unter sechzehn Jahren) kann zu seiner medizinischen Behandlung selbst die Einwilligung geben, »wenn es hinreichend einsichtig und intelligent ist, um die Sachlage und die vorgeschlagenen Maßnahmen in vollem Umfang zu verstehen«. Berner, als Vertreter der Klinik, die Adam Henry gegen dessen Willen behandeln wollte, führte jetzt die Gillick-Kompetenz ins Feld, um Grieve zuvorzukommen, der sie als Argument zugunsten der Eltern vorbringen würde. Wer zuerst ist, gibt die Richtung vor. Er tat dies in kurzen, knappen Sätzen, seine Tenorstimme so präzise und klar wie damals, als er Goethes tragische Ballade gesungen hatte.

Tatsache sei, erklärte Berner, keine Transfusionen zu geben sei auch eine Form von Behandlung. Niemand im Krankenhaus bezweifle Adams Intelligenz, seine außerordentliche Eloquenz, seine Wissbegier und Leidenschaft für Literatur. Er habe den Lyrikwettbewerb einer der renommierten Tageszeitungen des Landes gewonnen. Er könne eine lange Passage aus einer Horaz-Ode auswendig vortragen. Er sei wahrlich ein außergewöhnliches Kind. Auch der medizinische Sachverständige habe dem Gericht bestätigt, dass man es mit einem klugen und redegewandten Jungen zu tun habe. Entscheidend sei jedoch seine Aussage, Adam ahne bestenfalls in groben Zügen, was mit ihm geschehen werde, wenn er keine Bluttransfusionen erhalte. Er habe nur eine verschwommene, ja romantische Vorstellung von dem Tod, der ihn erwarte. Demnach könne keine Rede davon sein, dass er die von Lord Scarman aufgestellten Bedingungen erfülle. Adam verstehe die Sachlage ganz sicher nicht »in vollem Umfang«. Ganz zu Recht seien die behandelnden Ärzte nicht bereit, sie ihm näher auseinanderzusetzen. Der Chefarzt könne das am besten beurteilen, und sein Fazit sei eindeutig: Adam sei nicht Gillick-kompetent. Zweitens, selbst wenn er es wäre und über das Recht zur Einwilligung verfügen würde, sei dies etwas ganz anderes als das Recht, eine lebenserhaltende Behandlung zu verweigern. Hier gebe das Gesetz klare Grenzen vor. Bis zu seinem achtzehnten Lebensjahr liege das nicht in seiner Entscheidungsgewalt.

Drittens, fuhr Berner fort, seien die Infektionsrisiken im Zuge einer Transfusion anerkanntermaßen minimal. Wohingegen die Konsequenzen der Verweigerung einer Transfusion ebenso gewiss wie verheerend seien, wahrscheinlich sogar tödlich. Und viertens sei es ja kein Zufall, dass Adam dieselben Überzeugungen habe wie seine Eltern. Er sei ein guter und liebender Sohn, aufgewachsen in der Atmosphäre ihres aufrichtigen und festen Glaubens. Adams höchst ungewöhnliche Ansichten zum Thema Blutprodukte seien – der Arzt habe es auf den Punkt gebracht – nicht seine eigenen. Wir alle hätten doch mit siebzehn Dinge geglaubt, die uns heute peinlich seien.

Berner fasste rasch zusammen. Adam sei noch nicht achtzehn, habe keinen Begriff von den Qualen, die ihm ohne Transfusion bevorstünden, sei über Gebühr beeinflusst von der Sekte, in der er aufgewachsen sei, und wisse, was es für negative Konsequenzen habe, wenn er abtrünnig werde. Die Ansichten der Zeugen Jehovas lägen weit außerhalb derjenigen verständiger moderner Eltern.

Mark Berner hatte kaum Platz genommen, als Leslie Grieve

schon stand. In seinen einleitenden Bemerkungen, die er an einen Punkt etwas links von Fiona richtete, wünschte auch er, ihre Aufmerksamkeit auf eine Äußerung Lord Scarmans zu lenken. »Das Recht des Patienten, selbst zu entscheiden, kann als ein vom Gemeinrecht geschütztes, elementares Menschenrecht betrachtet werden.« Mit Einmischungen in die Entscheidung eines unstreitig intelligenten und reflektierten Menschen über seine medizinische Behandlung sollte das Gericht äußerst zurückhaltend sein. Es genüge schlicht und einfach nicht, sich hinter den zwei oder drei Monaten zu verschanzen, die Adam noch von seinem achtzehnten Geburtstag trennten. In einer Angelegenheit, die sich so schwerwiegend auf die elementaren Menschenrechte einer Person auswirke, dürfe man nicht mit Zahlen spielen. Dieser Patient, der seine Wünsche wiederholt und schlüssig deutlich gemacht habe, sei unzweifelhaft viel eher als Achtzehn- denn als Siebzehnjähriger anzusehen.

Grieve sammelte sich, schloss die Augen und zitierte aus dem Gedächtnis Abschnitt 8 des *Family Reform Act* von 1969: »Die Einwilligung eines Minderjährigen, der den sechzehnten Geburtstag überschritten hat, in chirurgische, medizinische oder zahnärztliche Maßnahmen, welche in Ermangelung einer Einwilligung einem Übergriff gegen ihn gleichkommen würden, soll so rechtswirksam sein, als wenn er volljährig wäre.«

Alle, die ihn kennen, sagte Grieve, seien beeindruckt von Adams Eigenständigkeit und Reife. »Vielleicht interessiert es Mylady, dass er den Schwestern in der Klinik einige seiner Gedichte vorgelesen hat. Sie haben großen Eindruck gemacht.« Er sei weit nachdenklicher als die meisten Siebzehnjährigen.

Das Gericht müsse berücksichtigen, wie der Fall läge, wenn er ein paar Monate früher zur Welt gekommen und somit im Vollbesitz seiner Rechte wäre. Mit der vorbehaltlosen, liebevollen Unterstützung seiner Eltern habe er seine Einwände gegen eine Behandlung vorgebracht und detailliert die religiösen Grundsätze erläutert, auf denen seine Weigerung beruhe.

Grieve verstummte, als müsse er nachdenken, und wies dann auf die Tür, durch die der Arzt den Gerichtssaal verlassen hatte. Es sei durchaus verständlich, dass es Mr Carter gegen den Strich gehe, eine mögliche Behandlung nicht durchführen zu können. Dies zeuge lediglich von der beruflichen Hingabe, die man von solch einer Koryphäe erwarten dürfe. Aber was Adams Gillick-Kompetenz betreffe, trübe gerade Mr Carters Professionalität sein Urteilsvermögen. Es gehe hier letztlich nicht um Medizin. Sondern um Recht und Moral. Um die unveräußerlichen Rechte eines jungen Mannes. Adam sei vollkommen bewusst, wozu seine Entscheidung führen könne. Zu seinem frühen Tod. Er selbst habe das mehrmals deutlich gesagt. Dass er die genaue Art und Weise seines Sterbens nicht wisse, sei nebensächlich. Niemand, der als Gillick-kompetent gelte, könne im vollumfänglichen Besitz dieses Wissens sein. Ja – überhaupt niemand. Wir alle wissen, dass wir einmal sterben werden. Wie, das weiß keiner von uns. Und Mr Carter habe bereits eingeräumt, dass die behandelnden Ärzte Adam nichts Genaueres zu diesem Thema mitteilen wollten. Die Gillick-Kompetenz des jungen Mannes sei woanders zu erkennen: Ganz offenkundig begreife er, dass ein Nein zur Behandlung seinen Tod herbeiführen könne. Und mit Gillick sei die Frage nach seinem Alter natürlich ohnehin überflüssig.

Bis dahin hatte die Richterin drei Seiten mit dichtgedrängten Notizen beschrieben. Eine davon, auf einer eigenen Zeile, lautete: »Gedichte?« Aus der Flut der Argumente stieg ein leuchtendes Bild vor ihr empor – auf Kopfkissen gestützt, liest ein Teenager seine Verse einer müden Krankenschwester vor, die weiß, dass sie anderswo gebraucht wird, aber zu freundlich ist, um nein zu sagen.

Auch Fiona hatte Gedichte geschrieben, als sie in Adam Henrys Alter war, jedoch niemals gewagt, sie jemandem laut vorzulesen, nicht einmal sich selbst. Sie erinnerte sich an verwegen ungereimte Vierzeiler. In einem ging es gar um einen Wassertod, um das köstliche Gefühl, rücklings im Flusstang zu versinken, eine abseitige Phantasie, inspiriert von Millais' Bildnis der Ophelia, vor dem sie während eines Schulausflugs in der Tate Gallery verzückt stehen geblieben war. Dieses kühne Gedicht in dem zerfledderten Notizbuch, auf dessen Umschlag sie mit violetter Tinte ihre Traumfrisuren gekritzelt hatte. Soweit sie wusste, lag es jetzt am Grund eines Pappkartons irgendwo hinten im fensterlosen Gästezimmer bei ihr zu Hause. Falls sie noch von einem Zuhause sprechen konnte.

Grieve schloss mit der Bemerkung, Adam stehe so kurz vor seinem achtzehnten Geburtstag, dass es keine Rolle mehr spiele. Er erfülle die von Scarman aufgestellten Bedingungen und sei Gillick-kompetent. Der Anwalt zitierte Lordrichter Balcombe. »Kinder, die auf die Volljährigkeit zugehen, sind in zunehmendem Maße in der Lage, selbst über ihre medizinische Behandlung zu entscheiden. Im Normalfall wird es im besten Interesse eines hinreichend alten und einsichtsfähigen Kindes sein, dass es in Kenntnis der Sachlage selbst eine Entscheidung trifft, die das Gericht auch respektieren sollte.« Dem Gericht stehe keine Meinung über eine bestimmte Religion zu, und es habe ihre Gebräuche zu respektieren. Auch dürfe das Gericht sich keinesfalls auf gefährliches Terrain locken lassen und das elementare Recht eines Menschen auf Verweigerung einer medizinischen Behandlung aushöhlen.

Tovey, der sich beim Aufstehen auf seinen Stock stützte, hielt sich als Letzter kurz. Er vertrat den Jungen und Marina Greene, dessen Vormund, und war um Neutralität bemüht. Die Argumente beider Parteien und alle relevanten juristischen Aspekte seien von seinen Kollegen erörtert und trefflich dargelegt worden. Adams Intelligenz sei unbestritten. In der Heiligen Schrift, wie sie von seiner Sekte ausgelegt und propagiert werde, kenne er sich gründlich aus. Gewiss dürfe man nicht außer Acht lassen, dass der Junge fast achtzehn sei, Tatsache aber bleibe: Er sei noch minderjährig. Die Entscheidung, wie viel Gewicht den Wünschen des Jungen beizumessen sei, liege nun allein bei der Richterin.

Der Anwalt nahm wieder Platz, und alles schwieg, während Fiona auf ihre Notizen starrte und ihre Gedanken ordnete. Toveys Worte hatten ihr zu einer Entscheidung verholfen. An ihn gewandt, erklärte sie: »In Anbetracht der einzigartigen Umstände dieses Falles habe ich beschlossen, mit Adam Henry selbst zu sprechen. Dabei interessieren mich weniger seine Kenntnisse der Heiligen Schrift als vielmehr die Frage, ob er sich über seine Situation wirklich im Klaren ist, ob er weiß, was ihn erwartet, falls ich dem Antrag der Klinik nicht stattgebe. Außerdem soll er wissen, dass er sich nicht in den Händen einer gesichtslosen Bürokratie befindet.

Er soll verstehen, dass ich es bin, die in seinem besten Interesse entscheiden wird.«

Abschließend gab sie bekannt, sie werde jetzt mit Mrs Greene zu der Klinik in Wandsworth fahren und in deren Beisein mit Adam Henry sprechen. Bis zu ihrer Rückkehr sei die Verhandlung unterbrochen, danach werde sie ihre Entscheidung in öffentlicher Sitzung bekanntgeben.

3

Entweder, dachte Fiona, während ihr Taxi auf der Waterloo Bridge im Stau stand, geht es hier um eine Frau am Rande eines Nervenzusammenbruchs, die sich von ihren Gefühlen zu einer beruflichen Fehlentscheidung hinreißen lässt, oder darum, ob ein Junge durch das Einschreiten eines weltlichen Gerichts dem Glaubenssystem seiner Sekte entrissen wird oder nicht. Beides zugleich schien ihr nicht möglich. Sie ließ die Frage in der Schwebe und blickte nach links, stromabwärts Richtung St. Paul's. Die Flut lief rapide aus. Der Dichter Wordsworth, auf einer der Nachbarbrücken stehend, hatte recht gehabt: rundum das grandioseste Stadtpanorama der Welt. Sogar bei Dauerregen. Neben ihr saß Marina Greene. Von ein paar flüchtigen Bemerkungen beim Verlassen des Gerichtsgebäudes abgesehen, hatten sie nicht miteinander gesprochen. Gut so, immer die Distanz wahren. Und Greene, unempfänglich für die Aussicht zu ihrer Rechten oder daran gewöhnt, war mit ihrem Smartphone beschäftigt, las und tippte und runzelte die Stirn wie alle heutzutage.

Endlich auf der South Bank angelangt, fuhren sie im Schritttempo flussaufwärts und brauchten fast fünfzehn Minuten bis zum Lambeth Palace. Fiona hatte ihr Handy ausgeschaltet, anders wusste sie sich nicht vor dem Drang zu schützen, alle fünf Minuten nach ihren SMS oder E-Mails zu sehen. Sie hatte eine Nachricht geschrieben, aber nicht gesendet. *Das kannst du doch nicht tun!* Aber er tat es, und das Ausrufezeichen sagte alles – sie war eine Idiotin. Für ihre emotionale Gestimmtheit, wie sie das manchmal nannte, hatte sie immer ein feines Gehör gehabt, die jetzige war ihr vollkommen neu. Eine Mischung aus Verzweiflung und Empörung. Oder Sehnsucht und Wut. Sie wollte ihn zurück, sie wollte ihn nie wieder sehen. Scham war auch dabei. Aber was hatte sie denn getan? Sich in die Arbeit vergraben, ihren Mann vernachlässigt, sich von einem langwierigen Fall ablenken lassen? Aber er hatte selbst seine Arbeit, hatte auch seine Stimmungsschwankungen. Sie war gedemütigt worden und wollte nicht, dass irgendjemand davon erfuhr, wollte weiterhin so tun, als sei alles bestens. Sie fühlte sich beschmutzt von dieser Heimlichtuerei. War es das, wofür sie sich schämte? Sobald sie eingeweiht wären, würde eine ihrer klugen Freundinnen sie garantiert drängen, ihn anzurufen und eine Erklärung zu verlangen. Ausgeschlossen. Sie schreckte noch immer davor zurück, sich das Schlimmste anhören zu müssen. Alles, was es über ihre Situation zu denken gab, hatte sie längst viele Male gedacht, und dennoch fing sie jetzt wieder von vorne an. Eine Gedankentretmühle, aus der sie nur durch Medikamente herbeigeführter Schlaf befreien könnte. Schlaf oder dieser unorthodoxe Ausflug.

Dann endlich fuhren sie auf der Wandsworth Road mit gut dreißig Stundenkilometern, ungefähr das Tempo eines Pferds in vollem Galopp. Rechts ein ehemaliges Kino, umgebaut zu Squashcourts, wo Jack bei einem stadtweiten Turnier vor vielen Jahren einmal alles gegeben und den elften

Platz belegt hatte. Und sie, die loyale junge Ehefrau, hatte leicht gelangweilt in sicherer Entfernung hinter der Glasscheibe gesessen und gelegentlich einen Blick in ihre Notizen zu einem Vergewaltigungsprozess geworfen, den sie, als Verteidigerin des Angeklagten, schließlich verloren hatte. Acht Jahre für ihren wutschäumenden Mandanten. Aller Wahrscheinlichkeit nach unschuldig. Er hatte ihr das, mit Recht, nie verziehen.

Wie viele Nord-Londoner konnte sie dem ausufernden schäbigen Stadtgewirr südlich der Themse nur wenig abgewinnen. Keine U-Bahn-Station, an der man sich orientieren konnte in dieser Wildnis aus vor langer Zeit einverleibten Dörfern, kümmerlichen Läden, zwielichtigen Autowerkstätten, staubigen Häusern aus König Edwards Zeiten und brutalistischen Wohnblöcken, den bevorzugten Revieren von Drogenbanden. Die Massen auf den Bürgersteigen, getrieben von unbekannten Sorgen, waren Bewohner einer anderen, fernen Stadt, die nicht die ihre war. Wie hätte sie wissen sollen, dass sie gerade durch Clapham Junction fuhr, ohne dieses verschossene Juxschild über dem mit Brettern vernagelten Elektrogeschäft? Warum hier leben? Sie spürte die ersten Anzeichen einer umfassenden Menschenfeindlichkeit und zwang sich, wieder an ihre Mission zu denken. Immerhin wollte sie einen schwerkranken Jungen besuchen.

Sie mochte Krankenhäuser. Mit dreizehn, als begeisterte Hochgeschwindigkeitsradlerin, war sie auf dem Schulweg wegen eines Gullygitters über die Lenkstange geflogen. Eine leichte Gehirnerschütterung und etwas Blut im Urin waren der Grund, dass sie zur Beobachtung im Krankenhaus bleiben musste. Auf der Kinderstation war kein Bett mehr frei –

eine Busladung Schulkinder hatte aus Spanien ein unbekanntes Darmvirus eingeschleppt. Sie kam zu den Frauen und wurde eine Woche lang diversen simplen Kontrollen unterzogen. Das war Mitte der Sechziger, als der Zeitgeist die starren Klinikhierarchien noch nicht in Frage gestellt und aufgebrochen hatte. Die hohen viktorianischen Krankenzimmer waren sauber und ordentlich, die furchterregende Stationsschwester nahm sich liebevoll ihrer jüngsten Patientin an, und die älteren Damen, von denen einige, wie ihr im Nachhinein klar wurde, erst um die dreißig waren, vergötterten und verwöhnten Fiona. Sie fragte sich nicht, woran diese Frauen leiden mochten. Sie war ihr Liebling und verlor sich in dieser neuen Daseinsform. Der Alltag, Zuhause und Schule, fiel von ihr ab. Wenn über Nacht die eine oder andere nette Dame verschwunden war, dachte sie nicht groß darüber nach. Sie erfuhr nichts von Hysterektomie und Krebs und Tod und verbrachte eine herrliche Woche ohne Angst oder Schmerzen.

Nachmittags, nach der Schule, kamen ihre Freundinnen, voller Scheu, ganz wie Erwachsene auf eigene Faust einen Krankenhausbesuch zu machen. Aber die Scheu legte sich bald, und dann saßen die drei oder vier Mädchen um Fionas Bett und bebten vor verhaltenem Lachen, kicherten über dreimal nichts – eine mit strenger Miene vorbeischreitende Schwester, den betulichen Gruß einer uralten Frau ohne Zähne oder das heisere Würgen, mit dem sich eine andere hinter einem Wandschirm erbrach.

Vor und nach dem Mittagessen saß Fiona allein im Aufenthaltsraum mit einem Schulheft auf dem Schoß und plante ihre Zukunft – als Konzertpianistin, Tierärztin, Journalistin,

Sängerin. Sie entwarf Flussdiagramme für mögliche Lebenswege. Die Hauptlinien verzweigten sich zu Studium, athletischem Göttergatten, verträumten Kindern, einer Schaf-Farm, Prominenz. An Jura hatte sie damals noch nicht gedacht.

Am Tag ihrer Entlassung ging sie in Schuluniform, den Ranzen über der Schulter, von Zimmer zu Zimmer, nahm unter den Augen ihrer Mutter allseits tränenreich Abschied und versprach, sich zu melden. In den Jahrzehnten danach blieb sie bei guter Gesundheit und musste ins Krankenhaus nur noch, um andere zu besuchen. Aber das Erlebnis hatte sie geprägt. Was auch immer sie bei Angehörigen oder Freunden an Leid und Ängsten mitansah, es konnte die eigentümliche Verknüpfung von Krankenhaus und Güte nicht auflösen: Krank sein bedeutete für sie, bevorzugt und vor dem Schlimmsten geschützt zu sein. Und so verspürte sie jetzt, als sie hinter den nebelverhangenen Eichen des Wandsworth Common das sechsundzwanziggeschossige Edith Cavell Wandsworth General Hospital aufragen sah, für einen Augenblick eine gänzlich unangemessene Vorfreude.

Die Sozialarbeiterin und sie blickten geradeaus, an den stotternden Scheibenwischern vorbei, als das Taxi auf ein blaues Leuchtschild zusteuerte, das 615 freie Parkplätze anzeigte. Auf einer grasbewachsenen Erhebung, die wie eine steinzeitliche Hügelfestung aussah, stand der kreisrunde Glasturm mit seinen Fassadenelementen in OP-Kittelgrün, der Entwurf eines japanischen Architekten, gebaut mit teuer geliehenem Geld, damals, in den sorglosen Tagen von New Labour. Die obersten Stockwerke verloren sich in den tiefhängenden Sommerwolken.

Auf dem Weg zum Eingang sprang ihnen, unter einem geparkten Auto hervor, eine Katze vor die Füße, worauf Marina Greene das Schweigen brach und ausführlich von ihrer eigenen Katze berichtete, einer frechen Britisch-Kurzhaar, die alle Hunde in der Nachbarschaft das Fürchten lehrte. Fiona wurde sie immer sympathischer, diese ernste junge Frau mit dem dünnen rotblonden Haar, die mit ihrem Mann, einem Polizisten, und drei Kindern unter fünf Jahren in einer Sozialwohnung lebte. Es ging ihr nicht um die Katze. Sie ließ nur, sensibel, wie sie war, nichts zwischen ihnen aufkommen, was von ihrer heiklen gemeinsamen Mission ablenken könnte.

Fiona gestattete sich mehr Freiheit. »Eine Katze«, sagte sie, »die sich nicht unterkriegen lässt. Ich hoffe, Sie haben diese Geschichte auch dem jungen Adam erzählt.«

Marina antwortete knapp: »Ja, das habe ich tatsächlich«, und verstummte.

Sie betraten ein verglastes Atrium, hoch wie das gesamte Gebäude. Zwischen den fröhlich bunten Stühlen und Tischen konkurrierender Kaffee- und Sandwichstände strebten große einheimische Bäume, trotz deutlicher Mangelerscheinungen, hoffnungsvoll in die Höhe. Weiter oben, und noch weiter oben, wuchsen Bäume auf Betonplattformen, die da und dort aus der gerundeten Wand ragten. Ganz oben, in hundert Metern Höhe, zeichneten sich vor dem Glasdach ferne Sträucher ab. Die beiden Frauen überquerten das bleiche Parkett, vorbei an der Information und einer Ausstellung mit Kunstwerken kranker Kinder. Ein Aufzug brachte sie in langer Fahrt zu einem Zwischengeschoss, wo sich eine Buchhandlung, ein Blumenladen, ein Zeitungsstand, ein Geschenkeshop und ein Konferenzraum um einen Brunnen gruppierten. New-Age-Musik, dünn und gleichförmig, mischte sich ins Plätschern des Wassers. Vorbild für das Ganze war natürlich der moderne Flughafen. Nur mit anderen Reisezielen. Auf dieser Etage wies kaum etwas auf Krankheit hin, man sah auch keine medizinischen Apparate. Die Patienten waren locker zwischen Besuchern und Mitarbeitern verteilt. Hier und da ging jemand keck im Morgenmantel. Fiona und Marina folgten Schildern mit Autobahnbeschriftung. *Pädiatrische Onkologie, Nuklearmedizin, Blutentnahme.* Am Ende eines breiten, blankgebohnerten Korridors stießen sie auf eine Reihe von Aufzügen, schweigend fuhren sie zum neunten Stock, wo ein identischer Korridor sie nach drei Linkskurven zur Intensivstation brachte. An der Wand lustige Affen, die sich durch einen Wald schwangen. Hier roch die unbewegte Luft endlich nach Krankenhaus, nach abgestandenem Essen, Desinfektionsmitteln und, ganz schwach, nach etwas Süßem. Weder Obst noch Blumen.

Das Stationszimmer blickte fürsorglich auf einen Halbkreis geschlossener Türen hinaus, jede mit einem Beobachtungsfenster versehen. Die Stille, nur von einem elektrischen Summen erfüllt, und der Mangel an natürlichem Licht schufen eine Atmosphäre wie in den frühen Morgenstunden. Die beiden jungen Krankenschwestern am Schalter, die eine aus den Philippinen, wie Fiona später erfuhr, die andere aus der Karibik, begrüßten Marina überschwenglich. Sie klatschten sich ab, und plötzlich war die Sozialarbeiterin ein anderer Mensch, eine lebhafte schwarze Frau in weißer Haut. Sie wirbelte herum und stellte den beiden die Richterin als »echt hohes Tier« vor. Fiona streckte ihnen die Hand entgegen. Ein High Five hätte sie in ärgste Verlegenheit gebracht, das schien den beiden klar zu sein. Freundlich schüttelten sie ihre Hand. In einer kurzen Besprechung am Schalter einigte man sich darauf, dass Fiona hier warten sollte, während die Sozialarbeiterin zu Adam hineinging und ihm erklärte, was ihn erwartete.

Nachdem Marina durch die Tür ganz rechts verschwunden war, erkundigte Fiona sich bei den Schwestern nach ihrem jungen Patienten.

»Er lernt Geige«, sagte die junge Filipina. »Und macht uns alle verrückt!«

Ihre Freundin schlug sich theatralisch auf den Schenkel. »Er stranguliert da drinnen einen Truthahn.«

Die Schwestern sahen sich an und lachten, aber leise, aus Rücksicht auf ihre Patienten. Offenbar ein alter Insiderscherz. Fiona wartete. Sie fühlte sich wohl hier, wusste aber, das würde sich bald ändern.

Schließlich fragte sie: »Was ist mit dieser Transfusionsgeschichte?«

Schluss mit lustig. Die karibische Schwester sagte: »Ich bete jeden Tag für ihn. Ich sage zu Adam: ›Gott verlangt nicht von dir, dass du das tust, Junge. Er liebt dich auch so. Gott will, dass du *lebst*.‹«

Ihre Freundin sagte traurig: »Er ist fest entschlossen. Man kann ihn nur bewundern. Wie er für seine Prinzipien lebt.«

»Stirbt, meinst du wohl! Er hat doch keine Ahnung. Der kleine Wirrkopf.«

Fiona fragte: »Was antwortet er, wenn Sie ihm sagen, Gott will, dass er lebt?«

»Nichts. Denkt sich wahrscheinlich, warum soll ich auf *die* hören?«

In dem Augenblick öffnete Marina die Tür, hob eine Hand und ging wieder hinein.

Fiona sagte: »Also, vielen Dank.«

Irgendwo piepste es, und die Filipina eilte zu einer anderen Tür.

»Gehen Sie rein«, sagte ihre Freundin, »und rücken ihm den Kopf zurecht. Er ist so ein wunderbarer Junge.«

Dass Fiona sich später nur verschwommen an die ersten Momente in Adam Henrys Zimmer erinnerte, lag an den vielen verwirrenden Kontrasten, die dort über sie herfielen. Um das hell beleuchtete Bett herum lag der Raum im Halbdunkel. In einer Ecke setzte Marina sich gerade mit einer Zeitschrift hin, die sie in dem Dämmerlicht unmöglich lesen konnte. Die lebenserhaltenden Apparate und Überwachungsgeräte um das Bett, die Infusionsständer mit ihren Schläuchen und die flimmernden Monitore strahlten so etwas wie eine wachsame Stille aus. Aber von Stille konnte keine Rede sein, denn der Junge sprach schon zu ihr, kaum dass sie eingetreten war, die Szene entfaltete oder entlud sich, ohne ihr Zutun, und sie hinkte benommen hinterher. Er saß aufrecht, an Kissen gelehnt, das Metallgitter des Betts im Rücken, angestrahlt wie von einem Scheinwerfer im Theater. Um ihn herum auf den Laken und bis in den Schatten hinein verstreut lagen Bücher, Broschüren, ein Geigenbogen, ein Laptop, Kopfhörer, Orangenschalen, Bonbonpapiere, eine Taschentuchschachtel, ein Strumpf, ein Notizbuch und zahlreiche linierte und vollgeschriebene lose Blätter. Das übliche Teenagerchaos, wie sie es von Familienbesuchen her kannte.

Sein Gesicht war lang und schmal, geisterhaft blass, aber schön, mit bläulichen, zart ins Weiße übergehenden Ringen unter den Augen und vollen Lippen, die in dem grellen Licht ebenfalls bläulich wirkten. Die Augen selbst leuchteten violett und waren riesig. Auf einer Wange hatte er ein Muttermal, das so künstlich aussah wie ein aufgemalter Schönheitsfleck. Er war von zierlichem Körperbau, die Arme ragten wie Stöcke unter dem Krankenhauskittel hervor. Er sprach atemlos, mit großem Ernst, und in den ersten Sekunden begriff sie kein Wort. Erst als die Tür mit einem pneumatischen Seufzen hinter ihr zugefallen war, verstand sie, was er sagte: Wie seltsam das sei, er habe die ganze Zeit gewusst, dass sie ihn besuche werde, er glaube diese Gabe zu besitzen, ein Gespür für die Zukunft, sie hätten im Religionsunterricht ein Gedicht gelesen, in dem es heiße, Zukunft, Gegenwart und Vergangenheit seien alles eins, und die Bibel sage das auch. Sein Chemielehrer habe gesagt, die Relativitätstheorie beweise, dass Zeit eine Illusion sei. Und wenn Gott, Poesie und Wissenschaft alle dasselbe sagten, müsse es doch wohl wahr sein, oder was meine sie?

Er sank in die Kissen zurück und holte Luft. Sie war am Fußende des Betts stehen geblieben. Jetzt stellte sie sich an die eine Seite, neben einen Plastikstuhl, nannte ihren Namen und reichte ihm die Hand. Seine war kalt und feucht. Sie setzte sich und wartete, dass er weitersprach. Aber er hatte den Kopf zurückgelegt und starrte an die Decke, offenbar musste er sich noch erholen, außerdem erwartete er, wie ihr aufging, eine Antwort von ihr. Sie nahm erst jetzt das Zischen einer Maschine hinter sich wahr und ein gedämpftes hektisches Piepsen knapp über der Hörschwelle, zumindest über der ihren. Der Herzmonitor, dem Patienten zuliebe leise gestellt, verriet seine Erregung.

Sie beugte sich vor und sagte, sie glaube, er habe recht. Nach ihrer Erfahrung im Gericht sei es so: Wenn verschiedene Zeugen, die nie miteinander gesprochen hätten, über einen Vorfall alle dasselbe aussagten, sei es sehr wahrscheinlich wahr.

Dann fügte sie hinzu: »Aber nicht immer. Manchmal kommt es zu Massentäuschungen. Leute, die einander nicht kennen, können alle derselben falschen Vorstellung erliegen. In Gerichtsprozessen kann das durchaus passieren.«

»Zum Beispiel?«

Er rang immer noch nach Luft, selbst diese zwei Wörter strengten ihn an. Sein Blick blieb nach oben gerichtet, von ihr abgewandt, während sie nach einem Beispiel suchte.

»Vor einigen Jahren haben die Behörden dieses Landes etlichen Elternpaaren die Kinder weggenommen, weil man ihnen sogenannten ›rituellen satanischen Missbrauch‹ vorwarf, das heißt sie beschuldigte, ihren Kindern in geheimen Teufelsanbetungsritualen schreckliche Dinge angetan zu haben. Alle fielen über diese Eltern her. Polizei, Sozialarbeiter, Staatsanwaltschaft, die Presse, sogar die Richter. Aber wie sich herausstellte, war da nichts. Keine geheimen Rituale, kein Satan, kein Missbrauch. Nichts war geschehen. Das Ganze war ein Hirngespinst. Alle diese Experten und wichtigen Leute waren derselben Täuschung erlegen, demselben Traum. Am Ende kamen sie wieder zur Vernunft und schämten sich sehr, oder hätten sich jedenfalls schämen sollen. Und nach und nach durften die Kinder wieder nach Hause zurück.«

Fiona sprach selbst wie im Traum. Ihr war angenehm leicht zumute, auch wenn Marina, die jedes Wort mithörte, vermutlich nicht schlecht staunte. Was machte die Richterin da, warum erzählte sie dem Jungen, kaum dass sie ihn kennengelernt hatte, etwas von Kindesmissbrauch? Wollte sie darauf hinaus, dass Religion, seine Religion, eine Massentäuschung sei? Marina hatte wohl einige einleitende Floskeln erwartet, und dann so etwas wie: Ich bin mir sicher, du weißt, warum ich hier bin. Stattdessen sprach Fiona wie zu einem Kollegen frisch von der Leber weg über einen längst vergessenen Skandal aus den Achtzigern. Aber was Marina dachte, interessierte sie nicht. Sie würde das auf ihre Art machen.

Adam hatte ihr reglos zugehört. Jetzt drehte er seinen Kopf auf dem Kissen und sah ihr in die Augen. Sie hatte ihre Würde schon leichtfertig genug aufs Spiel gesetzt und war entschlossen, seinem Blick nicht auszuweichen. Seine Atmung war mehr oder weniger unter Kontrolle, seine Miene ernst und feierlich, unmöglich zu deuten. Was ihr nichts ausmachte, denn so ruhig war sie den ganzen Tag noch nicht gewesen. Auch wenn das nicht viel hieß. Ruhig, oder zumindest gelassen. Das wartende Gericht, die Notwendigkeit einer raschen Entscheidung, die düstere Prognose des Sachverständigen – im Dämmerlicht dieses luftdicht versiegelten Raums zählte das alles vorübergehend nicht mehr, wichtig war nur noch der Junge und was er zu sagen hatte. Es war die richtige Entscheidung gewesen, hierherzukommen.

Seinem Blick länger als eine Minute standzuhalten wäre ungehörig gewesen, aber ihr blieb Zeit genug, sich in Gedankenschnelle vorzustellen, was er da eigentlich auf dem Stuhl neben sich sah: noch so eine Erwachsene, die eine Meinung hatte, eine ältere Frau obendrein, deren Meinung erst recht unerheblich war.

Er wandte den Blick ab und sagte: »Die Sache mit Satan ist die, dass er unglaublich raffiniert ist. Er pflanzt den Leuten dummes Zeug in den Kopf, von wegen satanischer Dingsda, Missbrauch, dann lässt er das widerlegen, so dass alle denken, es gibt ihn gar nicht, und schon hat er freie Bahn für seine teuflischen Taten.«

Auch das hatte sie sich mit ihrer unorthodoxen Einleitung eingebrockt – sie war auf sein Terrain geraten. Im Weltbild der Zeugen Jehovas spielte Satan eine umtriebige Rolle. Er war, wie sie der flüchtigen Lektüre des Hintergrundmaterials entnommen hatte, im Oktober 1914 zum Auftakt der »letzten Tage« auf die Erde gekommen und bediente sich für sein Teufelswerk der Regierungen, der katholischen Kirche und insbesondere der Vereinten Nationen, die mit seiner Unterstützung Eintracht unter den Völkern säten, gerade zu einer Zeit, da sich diese im Gegenteil zum Armageddon rüsten sollten.

»Er hat freie Bahn, dich durch eine Leukämie zu töten?«

Sie überlegte, ob das zu direkt gewesen war, aber er wahrte die coole Teenagerpose. Gab sich ganz abgeklärt. »Ja. So in der Richtung.«

»Und du lässt ihn gewähren?«

Er hievte sich an der Rückenstütze hoch, bis er saß, und rieb sich dann nachdenklich das Kinn – die Parodie eines blasierten Professors oder Fernsehexperten. Der blanke Hohn.

»Wenn Sie mich schon fragen: Ich habe die Absicht, ihn zu vernichten, indem ich Gottes Gebote befolge.«

»Das heißt also Ja?«

Er ging darüber hinweg, wartete kurz und sagte: »Sind Sie hier, um mich umzustimmen? Um mich zu bequatschen?«

»Durchaus nicht.«

»O doch! Ich glaube, schon!« Plötzlich war er ein freches Kind, ein Lausebengel, der unter der Bettdecke, wenn auch schwach, seine Knie umschlang. Wieder ganz aufgeregt, verlegte er sich auf einen sarkastischen Ton: »Bitte, Miss, führen Sie mich zurück auf den rechten Pfad.«

»Ich sage dir, warum ich hier bin, Adam. Ich möchte mich vergewissern, dass du weißt, was du tust. Manche Leute denken, du wärst zu jung, um eine solche Entscheidung zu treffen, und du stündest unter dem Einfluss deiner Eltern und der Gemeindeältesten. Andere halten dich für ungewöhnlich klug und erwachsen und meinen, wir sollten dich einfach machen lassen.«

Heftig fuhr er auf, bleich in dem grellen Licht, die zerzausten schwarzen Haare fielen über den Kragen seines Nachthemds, und seine großen dunklen Augen zuckten hin und her auf der Suche nach Spuren von Trug oder Falschheit in ihrem Gesicht. Vom Bettzeug schlug ihr ein Geruch nach Talkumpuder oder Seife entgegen, aus seinem Atem etwas dünn Metallisches. Sein Medikamentencocktail.

»Und?«, fragte er eifrig. »Welchen Eindruck haben Sie bis jetzt? Wie mache ich mich so?«

Er spielte mit ihr, trieb sie in eine andere Richtung, zog sie auf offeneres Gelände, wo er um sie herumtänzeln und sie dazu provozieren konnte, wieder etwas Unangemessenes und Interessantes zu sagen. Vielleicht war dieser intellektuell frühreife junge Bursche schlicht gelangweilt, unterfordert, und inszenierte, indem er sein Leben aufs Spiel setzte, ein spannendes Drama, in dem er in jeder einzelnen Szene die Hauptrolle spielen konnte und das eine Heerschar von einflussreichen und einflussheischenden Erwachsenen an sein Bett lockte. Falls das zutraf, war er ihr umso sympathischer. Die schwere Krankheit konnte seiner Vitalität offenbar nichts anhaben.

Also, wie machte er sich? »Bis jetzt ganz gut«, antwortete sie, wobei sie sich des Risikos durchaus bewusst war. »Du wirkst wie einer, der weiß, was er will.«

»Danke sehr«, sagte er mit artigem Spott in der Stimme.

»Aber das könnte eben auch nur ein Eindruck sein.«

»Eindruck mach ich immer gern.«

Seine ganze Art, sein Humor, hatte etwas von der Albernheit, die manchmal mit hoher Intelligenz einhergeht. Und sie diente dem Selbstschutz. Er musste große Angst haben. Zeit, ihm die Leviten zu lesen.

»Wenn du also weißt, was du willst, hast du sicher nichts dagegen, wenn wir ein paar praktische Punkte besprechen.«

»Schießen Sie los.«

»Der Arzt sagt, wenn er dir Transfusionen geben und damit dein Blutbild verbessern könnte, dann könnte er dich zusätzlich mit zwei sehr wirksamen Medikamenten behandeln, und du hättest gute Chancen, relativ schnell wieder völlig gesund zu werden.«

»Ja.«

»Und ohne Transfusionen könntest du sterben. Das ist dir klar.«

»Yep.«

»Es gibt noch eine Möglichkeit. Ich muss sicher sein, dass du darüber nachgedacht hast. Nicht der Tod, Adam, aber ein

Überleben mit schweren Folgeschäden. Du könntest das Augenlicht verlieren, es könnten Hirnschäden zurückbleiben, oder deine Nieren könnten versagen. Würde das Gott gefallen, wenn du am Ende blind oder verblödet bist oder für den Rest deines Lebens auf Dialyse angewiesen?«

Die Frage ging zu weit, über das juristisch Zulässige hinaus. Sie sah zu der dunklen Ecke, wo Marina, die Zeitschrift als Unterlage nutzend, blindlings in ein Notizbuch schrieb. Sie blickte nicht auf.

Adam starrte über Fiona hinweg ins Leere. Er befeuchtete sich mit einem schmatzenden Geräusch die Lippen, seine Zunge hatte einen weißen Belag. Jetzt klang er schmollend.

»Wenn Sie nicht an Gott glauben, sollten Sie nicht darüber reden, was ihm gefallen oder nicht gefallen könnte.«

»Ich habe nicht gesagt, dass ich nicht gläubig bin. Ich möchte wissen, ob du ernsthaft über die Möglichkeit nachgedacht hast, dass du für den Rest deines Lebens krank und behindert sein könntest, geistig, körperlich oder auch beides.«

»Das wäre schrecklich, schrecklich.« Er wandte sich hastig ab, um die Tränen zu verbergen, die ihm plötzlich in die Augen getreten waren. »Aber wenn es dazu kommen sollte, muss ich es akzeptieren.«

Er hatte die Fassung verloren, mied ihren Blick, schämte sich, dass sie sah, wie leicht es gewesen war, seine Großspurigkeit zu erschüttern. Sein angewinkelter Ellbogen, so spitz und zerbrechlich. Auf einmal dachte sie an Rezepte, Brathähnchen mit Butter, Estragon und Zitrone, überbackene Auberginen mit Tomaten und Knoblauch, Kartoffeln, leicht in Olivenöl geröstet. Den Jungen mit nach Hause nehmen und aufpäppeln.

Sie hatten gute Fortschritte gemacht, ein neues Stadium erreicht, und sie wollte gerade mit einer Frage nachhaken, da kam die karibische Schwester herein und hielt die Tür auf. Draußen stand, als habe sie ihn mit ihren Phantasiespeisen heraufbeschworen, ein junger Mann in brauner Baumwolljacke, kaum älter als Adam, neben einem Rollwagen mit matten Stahlbehältern.

»Ich kann dir dein Essen auch später bringen lassen«, sagte die Schwester. »Aber höchstens eine halbe Stunde.«

»Wenn du so lange durchhältst«, sagte Fiona zu Adam.

»Ich halte durch.«

Sie stand auf, um der Schwester Platz für ihre Routinekontrollen an Patient und Monitoren zu lassen. Offenbar bemerkte diese dabei Adams Erregung und die Feuchtigkeit um seine Augen, denn sie wischte ihm, kurz bevor sie ging, mit einer Hand die Wange ab und flüsterte laut: »Hör gut zu, was die Dame dir zu sagen hat.«

Die Unterbrechung hatte die Stimmung im Raum verändert. Als Fiona wieder auf ihrem Stuhl saß, kam sie nicht auf die Frage zurück, die sie im Sinn gehabt hatte. Stattdessen wies sie auf die übers Bett verstreuten Papiere. »Wie ich höre, schreibst du Gedichte.«

Sie hatte erwartet, dass er diesen Vorstoß als zudringlich oder herablassend zurückweisen würde, aber er schien erleichtert über den Themenwechsel, und seine Reaktion wirkte auf Fiona aufrichtig, vollkommen arglos. Ihr entging auch nicht, wie schnell seine Stimmung umschlug.

»Ich habe gerade eins fertiggeschrieben. Ich kann's Ihnen vorlesen, wenn Sie wollen. Ist auch nur kurz. Aber Moment noch.« Er drehte sich ganz zu ihr herum. Ehe er weitersprach, befeuchtete er seine trockenen Lippen. Wieder die weißliche Zunge. In einem anderen Kontext hätte man sie sogar schön finden können, ein neuer Kosmetiktrend vielleicht.

Er fragte zutraulich: »Wie spricht man Sie im Gericht an? Mit ›Euer Ehren‹?«

»Normalerweise mit ›Mylady‹.«

»Mylady? Toll! Darf ich Sie so nennen?«

»Fiona reicht vollauf.«

»Aber ich möchte Sie Mylady nennen. Bitte.«

»Na schön. Was ist nun mit diesem Gedicht?«

Er sank in die Kissen zurück, und sie wartete, bis er wieder zu Atem gekommen war. Als er sich schließlich nach einem Blatt Papier streckte, das auf Höhe seiner Knie lag, brach er in entkräftetes Husten aus. Danach war seine Stimme dünn und heiser. Sie vernahm keine Ironie in der Art, wie er sie nun ansprach.

»Was seltsam ist, Mylady, ich habe noch nie so gute Gedichte geschrieben wie jetzt, wo ich krank bin. Können Sie sich das erklären?«

»Erklär du es mir.«

Er zuckte die Schultern. »Ich mag es, mitten in der Nacht zu schreiben. Im ganzen Gebäude ist es still, man hört nur noch dieses komische, tiefe Summen. Tagsüber kann man es nicht hören. Versuchen Sie's mal.«

Sie lauschten. Draußen würde es noch vier Stunden hell bleiben, die Rushhour strebte ihrem Höhepunkt zu. Hier drin herrschte tiefe Nacht, doch das Summen hörte sie nicht. Allmählich schälte sich für sie seine wesentliche Charaktereigenschaft heraus: Unschuld, eine lebendige, leicht erregbare Unschuld, eine kindliche Offenheit, die womöglich auf die abgekapselte Lebensweise der Sekte zurückging. Den Zeugen Jehovas, so hatte sie gelesen, wurde empfohlen, ihre Kinder so weit wie möglich von Außenstehenden fernzuhalten. Ähnlich wie bei den ultraorthodoxen Juden. Die Teenager in Fionas Verwandtschaft, Mädchen wie Jungen, hatten sich allzu bald eine Schutzschicht von Abgebrühtheit zugelegt. Diese forcierte Coolness besaß einen gewissen Charme und war ein vielleicht notwendiger Schritt auf dem Weg zum Erwachsensein. Adams Weltfremdheit machte ihn liebenswert, aber auch verwundbar. Seine Zartheit rührte sie, sein grimmiger Blick auf dieses Blatt Papier, als versuche er sein Gedicht im Voraus mit ihren Ohren zu hören. Sicherlich wurde er zu Hause sehr geliebt.

Er sah kurz zu ihr hin, holte Luft und begann.

»Mein Schicksalsfaden war schon nicht mehr lang,
Als Satan den Hammer nach meiner Seele schwang.
Er schlug mich allgemach und tausendfach,
Und ich war schwach.

Doch Satan schmiedete zu Gold mich um,
Das allen leuchtete wie ein Heiligtum.
Der Weg liegt in güldenen Schein gebettet,
Und ich bin gerettet.«

Sie wartete, ob noch mehr kam, aber er ließ das Blatt sinken, lehnte sich zurück und sagte, den Blick zur Decke gerichtet: »Das habe ich geschrieben, nachdem einer der Ältesten, Mr Crosby, mir erklärt hat, wenn es zum Schlimmsten käme, hätte das eine phantastische Wirkung auf alle anderen.«

Fiona flüsterte: »Das hat er gesagt?«

»Es würde Gottes Liebe in unserer Kirche erstrahlen lassen.«

Sie fasste für ihn zusammen. »Satan schlägt dich also mit seinem Hammer, und ohne es zu wollen, macht er aus deiner Seele Gold, von dem Gottes Liebe auf alle anderen abstrahlt; dafür erlangst du Erlösung, und da ist es nicht mehr so schlimm, dass du tot bist.«

»Mylady, Sie haben es erfasst!« Der Junge schrie beinahe vor Begeisterung. Dann musste er erst einmal Atem schöpfen. »Die Schwestern haben es nicht verstanden, glaube ich, außer Donna, die eben hier drin war. Mr Crosby will sich dafür einsetzen, dass der *Wachtturm* es abdruckt.«

»Das wäre wunderbar. Vielleicht liegt eine große Zukunft als Dichter vor dir.«

Zu durchsichtig. Er lächelte nur.

»Was halten deine Eltern von deinen Gedichten?«

»Meine Mum mag sie sehr, mein Dad findet sie okay, sagt aber, ich vergeude damit Kraft, die ich brauche, um gesund zu werden.« Er drehte sich wieder ganz zu ihr herum. »Aber was sagt Mylady dazu? Es heißt *Der Hammer*.«

Er sah sie so begierig an, hungerte so sehr nach ihrem Beifall, dass sie erst zögerte. »Ich finde«, sagte sie schließlich, »es zeigt eine Spur, eine sehr kleine Spur wohlgemerkt, von echtem poetischem Talent.«

Er sah sie immer noch an, mit unveränderter Miene, er wollte mehr. Sie hatte geglaubt zu wissen, was sie da tat, doch auf einmal war ihr Kopf wie leergefegt. Sie wollte ihn nicht enttäuschen, und sie war es nicht gewohnt, über Gedichte zu sprechen.

»Warum sagen Sie das?«, fragte er.

Sie wusste es nicht, noch nicht. Jetzt wäre sie dankbar gewesen, wenn Donna für eine Unterbrechung gesorgt und nach den Apparaten und ihrem Patienten gesehen hätte; dann hätte sie sich an das nicht öffenbare Fenster gestellt, über den Wandsworth Common geblickt und sich überlegt, was sie sagen sollte. Aber die Schwester würde erst in fünfzehn Minuten wieder erscheinen. Fiona konnte nur anfangen zu sprechen und hoffen, dass sie dabei herausfand, was sie dachte. Es war wie in der Schule. Damals war sie damit meistens durchgekommen.

»Der Aufbau, die Form des Ganzen, und die zwei kurzen Zeilen, die alles ausbalancieren, erst bist du schwach, dann gerettet, wobei Letzteres über Ersteres triumphiert, das hat mir gefallen. Und die Hammerschläge...«

»Allgemach und tausendfach.«

»Mhm. Allgemach und tausendfach ist gut. Und alles ist sehr verdichtet, wie es bei den besten kurzen Gedichten der Fall ist.« Langsam kehrte ihr Selbstvertrauen zurück. »Ich nehme an, das Gedicht sagt uns, dass aus großer Not, aus schlimmen Zeiten, auch etwas Gutes entstehen kann. Oder?«

»Ja.«

»Und meiner Ansicht nach muss man nicht an Gott glauben, um dieses Gedicht zu verstehen oder zu mögen.«

Er dachte kurz nach. »Meiner Ansicht nach schon.«

»Denkst du, um ein guter Dichter zu sein, muss man leiden?«, fragte sie.

»Ich denke, alle großen Dichter müssen leiden.«

»Verstehe.«

Sie tat so, als zupfe sie an ihrem Ärmel, und sah möglichst

unauffällig auf ihre Armbanduhr. Das Gericht wartete, sie musste bald zurück und ihre Entscheidung bekanntgeben.

Doch er hatte es bemerkt. »Gehen Sie noch nicht«, flüsterte er. »Warten Sie, bis mein Abendessen gebracht wird.«

»In Ordnung. Adam, sag mir, was denken deine Eltern?«

»Meine Mum kommt ganz gut zurecht. Sie akzeptiert die Dinge einfach, verstehen Sie? Unterwirft sich Gottes Willen. Und sie kümmert sich ums Praktische, organisiert alles, redet mit den Ärzten, besorgt mir dieses Zimmer, das viel größer ist als die anderen, beschafft mir eine Geige. Aber mein Dad, den zerreißt es schier. Er arbeitet den ganzen Tag mit Baggern und solchen Maschinen und ist es gewohnt, Probleme zu lösen.«

»Und zum Thema Transfusion?«

»Was soll damit sein?«

»Was sagen deine Eltern dir dazu?«

»Da gibt es nicht viel zu sagen. Wir wissen, was richtig ist.«

Er sagte das ohne sonderliche Provokation in der Stimme und sah ihr dabei in die Augen. Und sie glaubte ihm aufs Wort: Er und seine Eltern, die Gemeinde und die Ältesten, sie alle wussten, was richtig für sie war. Ein Schwindel erfasste sie, ein Gefühl von Leere, von Sinnlosigkeit. Ihr kam der blasphemische Gedanke, dass es so oder so keine große Rolle spielte, ob der Junge lebte oder starb. Alles würde bleiben, wie es war. Tiefe Trauer zuerst, vielleicht bittere Reue, zärtliche Erinnerungen, aber das Leben würde machtvoll weitergehen, und diese Empfindungen würden immer mehr verblassen, bis diejenigen, die ihn geliebt hatten, alt wurden und schließlich starben – und dann nichts mehr davon übrigblieb. Religionen, moralische Prinzipien, auch ihre eigenen, waren wie Gipfel in einem dichtgefügten Gebirgszug, aus großer Entfernung gesehen: keiner eindeutig höher, wichtiger, wahrer als die anderen. Wie sollte man da urteilen?

Sie schüttelte den Kopf, schüttelte den Gedanken ab. Noch blieb ihr die Frage, die sie hatte stellen wollen, als Donna hereingekommen war. Kaum machte sie den Mund auf, fühlte sie sich besser.

»Dein Vater hat uns einige der religiösen Gründe dargelegt, aber ich möchte es in deinen Worten hören. Warum genau bist du gegen Bluttransfusionen?«

»Weil es unrecht ist.«

»Weiter.«

»Und weil Gott uns gesagt hat, dass es unrecht ist.«

»Warum ist es unrecht?«

»Warum ist irgendetwas unrecht? Weil wir es wissen. Folter, Mord, Lügen, Stehlen. Selbst wenn wir durch Folter aus schlechten Menschen nützliche Informationen herauspressen können, wissen wir, dass es unrecht ist. Wir wissen es, weil Gott es uns gelehrt hat. Selbst wenn –«

»Ist Bluttransfusion dasselbe wie Folter?«

Marina rührte sich in ihrer Ecke. Adam setzte stockend und mit belegter Stimme zu seiner Argumentation an. Transfusion und Folter seien sich nur darin ähnlich, dass beides unrecht sei. Das wüssten wir im Grunde unseres Herzens. Er zitierte Levitikus und die Apostelgeschichte, er sprach von Blut als der Essenz des Menschen, vom wahren Wort Gottes, von Verunreinigung, er redete wie ein schlauer Zwölftklässler, der Star des Schuldebattierklubs. Seine dunkelvioletten Augen glühten, so sehr bewegten ihn seine eigenen Worte.

Fiona erkannte manche Phrasen seines Vaters wieder. Doch Adam sprach sie aus wie ein Entdecker fundamentaler Tatsachen, wie jemand, der Lehrsätze formuliert, nicht wie einer, der sie nachplappert. Was sie da hörte, war eine Predigt, voller Überzeugung und Leidenschaft. Er machte sich zum Sprachrohr seiner ganzen Sekte und erklärte, sie wollten bloß in Ruhe gelassen werden und sich an das halten dürfen, was für sie selbstverständliche Wahrheiten seien.

Fiona hörte aufmerksam zu, ließ den Jungen nicht aus den Augen, nickte hin und wieder, und als sich endlich eine Gelegenheit ergab, stand sie auf und sagte: »Nur um das klarzustellen, Adam. Du weißt, ich allein habe darüber zu befinden, was in deinem besten Interesse ist. Wenn ich entscheiden würde, dass die Klinik dir gegen deinen Willen Bluttransfusionen geben darf: Was würdest du denken?«

Die Frage schien ihn zu treffen, schwer atmend richtete er sich auf, antwortete dann aber lächelnd: »Ich würde denken, dass Mylady sich in Dinge einmischt, die sie nichts angehen.«

Das kam so unerwartet, mit so groteskem Understatement, und ihre Verblüffung war so offensichtlich, dass sie beide lachen mussten. Marina, die gerade das Notizbuch in die Handtasche packte, schien verwirrt.

Fiona sah auf die Uhr, diesmal ganz offen. »Ich finde, du hast recht deutlich gemacht, dass du weißt, was du willst; so gut wie jeder andere von uns.«

Er antwortete mit gebührendem Ernst: »Ich danke Ihnen. Ich werde meinen Eltern heute Abend davon erzählen. Aber gehen Sie nicht. Mein Essen ist noch nicht da. Wie wär's mit noch einem Gedicht?«

»Adam, ich muss zum Gericht zurück.« Andererseits lag auch ihr daran, das Gespräch von seinem Zustand wegzulenken. Sie bemerkte den Geigenbogen, der halb im Schatten auf seinem Bett lag.

»Schnell, zeig mir deine Geige, bevor ich gehe.«

Der Kasten war unter dem Bett, gleich neben einem Schränkchen auf dem Boden. Sie hob ihn auf und legte ihn Adam auf den Schoß.

»Ist bloß 'ne Übungsgeige für Anfänger.« Dennoch nahm er sie mit äußerster Vorsicht heraus, und gemeinsam bewunderten sie das geschwungene nussbraune Holz, das schwarze Griffbrett und die zierliche Schnecke.

Sie legte ihre Hand auf die lackierte Oberfläche, und er schob seine nahe an ihre. Sie sagte: »Das sind schöne Instrumente. Ich finde immer, ihre Gestalt hat etwas sehr Menschliches.«

Schon griff er nach dem Übungsnotenheft auf dem Schränkchen. Das hatte sie nicht beabsichtigt, aber wie konnte sie ihn vom Spielen abhalten? Seine Krankheit, sein naiver Eifer machten ihn unangreifbar.

»Vor genau vier Wochen habe ich angefangen, und ich kann schon zehn Stücke.« Auch diese Prahlerei machte es unmöglich, ihn zu bremsen. Er blätterte ungeduldig die Seiten um. Fiona sah zu Marina und hob die Schultern.

»Aber das hier ist bis jetzt das Schwerste. Zwei Kreuze. D-Dur.«

Fiona sah die Noten nur verkehrt herum. »Könnte auch h-Moll sein.«

Er hörte sie nicht. Er saß bereits aufrecht, die Geige unters Kinn geklemmt, und ohne sich erst mit Stimmen aufzuhalten, begann er zu spielen. Sie kannte sie gut, diese traurige, entzückende Melodie, eine alte irische Weise. Sie hatte Mark Berner schon oft bei diesem Lied begleitet. Benjamin Brittens Vertonung des Yeats-Gedichts *Beim Weidengarten unten* war eine ihrer Zugaben. Sicher, Adam spielte ein wenig kratzig, ohne Vibrato, die Intonation aber stimmte, auch wenn zwei oder drei falsche Töne darunter waren. Das melancholische Lied und wie es hier gespielt wurde, so hoffnungsfroh, so roh, stand für alles, was sie an dem Jungen zu verstehen begann. Sie kannte die reuevollen Worte des Dichters auswendig. *Doch ich war jung und töricht...* Adams Spiel rührte sie, verwirrte sie aber auch. Mit der Geige oder irgendeinem anderen Instrument anzufangen war ein Ausdruck von Hoffnung, implizierte eine Zukunft.

Er kam zum Ende und nahm Fionas und Marinas Applaus vom Bett aus mit einer unbeholfenen Verbeugung entgegen.

»Großartig!«

»Phantastisch!«

»Und nur vier Wochen!«

Um ihre Bewegtheit zu verbergen, wies Fiona auf einen handwerklichen Punkt hin: »Vergiss aber nicht, in dieser Tonart ist das C ein Cis.«

»Ach ja. Man muss an so vieles gleichzeitig denken.«

Dann machte sie einen Vorschlag, der ihr sonst nicht im Traum eingefallen wäre, der ihre Autorität zu untergraben drohte. Vielleicht verleitete die ganze Situation, das in ewigem Dämmerlicht liegende, aus der Welt gefallene Zimmer sie dazu, vor allem aber Adams Spiel, seine konzentrierte Hingabe, die kratzigen ungeübten Töne, die seiner arglosen Sehnsucht so machtvoll Ausdruck verliehen – das war es, was sie im Innersten rührte und zu ihrem spontanen Vorschlag veranlasste.

»Also spiel's noch einmal, und diesmal singe ich mit.«

Marina erhob sich verdutzt, vielleicht fragte sie sich, ob sie einschreiten sollte.

»Ich wusste gar nicht, dass es einen Text dazu gibt«, sagte Adam.

»O doch, zwei wunderbare Strophen.«

Mit rührendem Ernst hob er die Geige ans Kinn und sah zu ihr auf. Als er zu spielen begann, traf sie die höheren Töne zu ihrer Freude mühelos. Insgeheim war sie immer stolz auf ihre Stimme gewesen, hatte aber außerhalb des Chors von Gray's Inn, dem sie eine Weile angehört hatte, nie viel Gelegenheit zum Singen gehabt. Diesmal dachte der Geiger an das Cis. Die erste Strophe klang noch zögerlich, beinahe zaghaft, doch in der zweiten trafen sich ihre Blicke, und Marina, die jetzt mit großen Augen an der Tür stand, war vergessen: Fiona sang lauter, Adams ungelenkes Kratzen wurde kühner, und sie steigerten sich immer inbrünstiger in die Schwermut dieser rückwärtsgewandten Klage hinein.

Am Bach auf einer Wiese war's, wo sie mit mir stand;
Auf meiner krummen Schulter lag schneeweiß ihre Hand.
Nimm leicht das Leben, bat sie, wie Gras wächst leicht
   am Wehr.
Doch ich war jung und töricht und weine nun seither.

Mit den letzten Tönen schob der junge Mann in der braunen Jacke seinen Rollwagen ins Zimmer; die Stahldeckel auf den Tellern klapperten fröhlich. Marina war schon zur Schwesternstation vorgegangen.

»›Auf meiner krummen Schulter‹ ist gut, oder?«, sagte Adam. »Spielen wir's noch einmal.«

Fiona schüttelte den Kopf, nahm ihm die Geige aus der Hand und legte sie in den Kasten zurück. »Nimm leicht das Leben, bat sie...«, zitierte sie die nächste Zeile.

»Bleiben Sie noch etwas. Bitte.«

»Adam, ich muss jetzt wirklich gehen.«

»Dann geben Sie mir Ihre E-Mail-Adresse.«

»Richterin Maye, Royal Courts of Justice, The Strand. Da kannst du mich erreichen.«

Um ihn von weiteren Beteuerungen oder Bitten abzuhalten, berührte sie kurz sein schmales kaltes Handgelenk und ging dann zur Tür, ohne sich noch einmal umzudrehen oder die Frage zu beantworten, die er ihr mit schwacher Stimme nachrief.

»Kommen Sie wieder?«

* * *

Auf der deutlich zügigeren Rückfahrt in die Londoner City sprachen die beiden Frauen nicht miteinander. Während Marina lange mit ihrem Mann und den Kindern telefonierte, machte Fiona sich Notizen für ihre Entscheidung. Sie betrat das Gerichtsgebäude durch den Haupteingang und ging direkt in ihr Büro, wo Nigel Pauling auf sie wartete. Er teilte ihr mit, er habe für morgen alles veranlasst, wenn nötig könne das Court of Appeal binnen einer Stunde zusammenkommen. Außerdem sei die jetzt anstehende Urteilsverkündung in einen größeren Saal verlegt worden, in dem alle Medienvertreter Platz finden würden.

Als sie den Saal betrat und die Anwesenden sich erhoben, war es etwas über Viertel nach neun. Sie spürte die Unruhe der Journalisten, die nun wieder Platz nahmen. Für die Tageszeitungen war der Zeitpunkt denkbar ungünstig. Sie würden bestenfalls, wenn die Richterin sich kurz fasste, in der Spätausgabe über den Fall berichten können. Unmittelbar vor ihr waren die Parteien und Marina Greene aufgereiht wie zuvor in dem kleineren Saal, nur Mr Henry saß allein hinter seinem Anwalt, ohne seine Frau.

Fiona setzte sich und begann unverzüglich mit ihren einführenden Bemerkungen.

»Es geht hier um den Eilantrag einer Klinik auf Genehmigung zur Behandlung eines Jugendlichen, A, gegen dessen Willen, wobei die medizinisch für notwendig erachteten Maßnahmen gängigen Behandlungsmethoden entsprechen und namentlich auch Bluttransfusionen einschließen. Die Klinik begehrt hierzu einen Einzelfragenbeschluss und hat den Antrag vor 48 Stunden gestellt. Als zuständige Richterin habe ich ihn auf der Grundlage ihres Vortrags zugelassen. Ich komme soeben aus der Klinik, wo ich zusammen mit Mrs Marina Greene vom Jugendamt den jungen A besucht habe. Ich war eine Stunde bei ihm. Dass er schwer krank ist, steht außer Zweifel. Sein Intellekt jedoch ist in keiner Weise beeinträchtigt, er war imstande, mir seine Wünsche klar und deutlich mitzuteilen. Der behandelnde Facharzt hat dem Gericht erklärt, ab morgen werde der Zustand des Jungen kritisch und es gehe auf Leben und Tod. Aus diesem Grund gebe ich meinen Beschluss noch so spät an einem Dienstagabend bekannt.«

Fiona dankte den Anwälten und deren Mitarbeitern, Marina Greene und der Klinik für ihre Unterstützung bei der Entscheidungsfindung in diesem schwierigen Fall, der keinen Aufschub geduldet habe.

»Die Eltern stellen Gegenantrag aufgrund ihrer festen religiösen Überzeugungen, die sie sachlich und besonnen zu vertreten wissen. Ihr Sohn ist ebenfalls gegen die Behandlung. Er verfügt über ein gutes Verständnis der religiösen Prinzipien und eine für sein Alter bemerkenswerte Reife und Eloquenz.«

Sodann erörterte sie die Krankengeschichte und die anerkannte Behandlungsmethode bei Leukämie, die im Allgemeinen zu guten Ergebnissen führe. Zwei der üblicherweise eingesetzten Medikamente hätten jedoch Anämie zur Folge, was Bluttransfusionen notwendig mache. Sie fasste die Ausführungen des Facharztes zusammen und verwies insbesondere auf den sinkenden Hämoglobinwert und die fatalen Konsequenzen, wenn dieser nicht wieder zum Ansteigen gebracht werde. Sie könne die Atemnot des Jungen aus eigener Anschauung bestätigen.

Der Gegenantrag fuße im Wesentlichen auf drei Argumenten. Erstens werde A in drei Monaten achtzehn, er sei hochintelligent, wisse um die Folgen seiner Entscheidung und sei daher als Gillick-kompetent einzustufen. Anders ausgedrückt, man habe seine Entscheidungen ebenso zu achten wie die eines Erwachsenen. Zweitens sei die Verweigerung einer medizinischen Behandlung ein fundamentales Menschenrecht, dies verpflichte das Gericht zu Zurückhaltung. Und drittens seien die religiösen Überzeugungen des Jungen echt und sollten respektiert werden.

Fiona ging die Argumente der Reihe nach durch. Sie dankte

dem Anwalt der Eltern für seinen Hinweis auf den relevanten Abschnitt 8 des *Family Reform Act* von 1969: Die Einwilligung eines Sechzehnjährigen in eine ärztliche Behandlung »soll so rechtswirksam sein, als wenn er volljährig wäre«. Sie erläuterte die Voraussetzungen für Gillick-Kompetenz und zitierte dazu Scarman. Sie hielt fest, dass ein Unterschied bestehe zwischen einem kompetenten Kind unter sechzehn, das einer Behandlung, womöglich gegen den Willen der Eltern, zustimme, und einem Kind unter achtzehn, das eine lebenserhaltende Behandlung verweigere. War sich A, nach allem, was sie heute Abend gehört und gesehen hatte, vollständig im Klaren, was die Konsequenzen wären, wenn seine und seiner Eltern Wünsche respektiert würden?

»Er ist zweifellos ein ungewöhnliches Kind. Ich möchte sogar mit den Worten einer Krankenschwester heute Abend sagen, er ist ein wunderbarer Junge. Das werden gewiss auch seine Eltern bestätigen. Seine geistigen Fähigkeiten sind für einen Siebzehnjährigen außerordentlich. Meiner Ansicht nach hat er jedoch von den Qualen, die ihn erwarten, von der Angst, die ihn überwältigen wird, wenn seine Schmerzen und seine Hilflosigkeit zunehmen, keinen rechten Begriff. Tatsächlich hegt er eher romantische Vorstellungen davon, was es heißt, zu leiden. Gleichwohl...«

Sie ließ den Satz in der Schwebe, warf einen Blick auf ihre Notizen, und das Schweigen im Saal verdichtete sich.

»Gleichwohl leitet mich letztlich nicht die Frage, ob er seine Lage vollständig begreift oder nicht. Sondern der Beschluss von Richter Ward in Sachen des minderjährigen E, bei dem es sich ebenfalls um einen Zeugen Jehovas im Teenageralter handelte. Ward schreibt in seinem Urteil: ›Demzufolge hat das Kindeswohl für meine Entscheidung oberste Priorität, das Wohl von E muss meine Richtschnur sein.‹ Diese Formulierung fand nahezu wörtlich Eingang in den *Children Act* von 1989, wo gleich zu Anfang vom Primat des Kindeswohls die Rede ist. ›Wohl‹ umfasst nach meinem Verständnis ›Wohlergehen‹ und ›Interessen‹. Ich habe aber auch As Wünsche zu berücksichtigen. Wie schon bemerkt, hat er diese mir gegenüber deutlich zum Ausdruck gebracht, genau wie sein Vater hier vor Gericht. Gemäß den Glaubenssätzen seiner Religion, die sich aus einer besonderen Interpretation dreier Bibelstellen ergeben, lehnt A die Bluttransfusionen ab, die ihm wahrscheinlich das Leben retten würden.

Es ist ein fundamentales Recht eines jeden Erwachsenen, medizinische Behandlungen zu verweigern. Einen Erwachsenen gegen seinen Willen zu behandeln ist strafbare Körperverletzung. A steht kurz vor dem Alter, in dem er die Entscheidung selbst treffen kann. Dass er bereit ist, für seine religiösen Überzeugungen zu sterben, beweist, wie tief diese sind. Dass seine Eltern bereit sind, ein innig geliebtes Kind für ihren Glauben aufzuopfern, offenbart die Macht der Lehre der Zeugen Jehovas.«

Wieder unterbrach sie sich kurz, die Leute auf den Zuschauerbänken warteten.

»Genau diese Macht gibt mir zu denken, denn als Siebzehnjähriger hat A noch kaum Gelegenheit gehabt, sich auf dem unüberschaubaren Feld religiöser und philosophischer Ideen genauer umzusehen. Es gibt in dieser christlichen Sekte, deren Mitglieder sich selbst – mit Recht, wie manche meinen – als ›die anderen Schafe‹ bezeichnen, keine Kultur der offenen Diskussion oder des Widerspruchs. Ich glaube nicht, dass As Denken und seine Ansichten ganz und gar seine eigenen sind. Er wurde in seiner Kindheit pausenlos und einseitig einer rigorosen Weltanschauung ausgesetzt und muss daher zwangsläufig von ihr geprägt sein. Es kann nicht seinem Wohl dienen, einen qualvollen, unnötigen Tod zu erleiden und zum Märtyrer seines Glaubens zu werden. Die Zeugen Jehovas haben, wie andere Religionen auch, eine klare Vorstellung davon, was uns nach dem Tode erwartet, nicht weniger entschieden und detailliert sind ihre Prophezeiungen zu den letzten Tagen, ihre Eschatologie. Das Gericht bezieht keine Stellung zur Frage eines Lebens nach dem Tode, auf die A in jedem Fall eines Tages selbst die positive oder negative Antwort finden wird. Bis dahin sind – seine Genesung vorausgesetzt – für sein Wohl andere Dinge von Bedeutung: seine Liebe zur Poesie, seine erst vor kurzem entdeckte Leidenschaft für die Geige, seine lebhafte Intelligenz, sein verspieltes, warmherziges Wesen, das ganze Leben und die ganze Liebe, die noch vor ihm liegen. Kurz, nach meinem Dafürhalten haben A, seine Eltern und die Gemeindeältesten einen Entschluss gefasst, der mit dem Kindeswohl von A, welches dem Gericht als oberste Richtschnur zu dienen hat, nicht zu vereinbaren ist. Vor diesem Entschluss muss er geschützt werden. Er muss vor seiner Religion und vor sich selbst geschützt werden.

Dieser Fall war nicht leicht zu entscheiden. Ich habe As Alter ebenso in meine Abwägung einbezogen wie den Respekt, der jeder Konfession gebührt, sowie die Würde des Einzelnen und das daraus hervorgehende Recht, eine ärztliche Behandlung zu verweigern. Nach meiner Überzeugung ist sein Leben wertvoller als seine Würde.

Aus diesem Grund setze ich mich über die Wünsche As und seiner Eltern hinweg. Ich verfüge wie folgt: Für die Verabreichung von Bluttransfusionen ist die Zustimmung der ersten beiden Antragsgegner, also der Eltern, sowie die Zustimmung des dritten Antragsgegners, also As selbst, nicht erforderlich. Demzufolge ist die Antragstellerin, also die Klinik, berechtigt, A so zu behandeln, wie sie es für medizinisch notwendig hält, worin die Übertragung von Blut und Blutprodukten durch Transfusion ausdrücklich mit eingeschlossen ist.«

* * *

Es war kurz vor elf, als Fiona sich auf den Heimweg machte. Zu dieser Stunde waren die Tore des Gerichtshofs geschlossen, so dass sie die Abkürzung durch Lincoln's Inn nicht nehmen konnte. Bevor sie in die Chancery Lane einbog, ging sie ein Stück die Fleet Street hinauf zu einem rund um die Uhr geöffneten Minimarkt, wo sie eine Fertigmahlzeit kaufen wollte. Am Abend zuvor wäre das ein freudloser Gang gewesen, jetzt aber fühlte sie sich beinahe beschwingt, vielleicht weil sie seit zwei Tagen nichts Richtiges gegessen hatte. In dem vollgestopften, viel zu hellen Laden pulsierten die grell verpackten Waren, ihr explosives Rot und Lila, ihr gezacktes Gelb, im Takt ihres Herzschlags. Sie nahm eine tiefgefrorene Fischpastete und wog verschiedene Früchte in der Hand, bevor sie sich entschied. An der Kasse wühlte sie nach ihren Münzen, dabei fielen ihr ein paar auf den Boden. Der flinke asiatische Kassierer erwischte sie mit dem Fuß und legte ihr das Geld mit fürsorglichem Lächeln in die Hand. Sie versuchte, sich mit seinen Augen zu sehen, als er ihre erschöpfte Erscheinung in den Blick nahm. Was sah er, wenn er ihre maßgeschneiderte Jacke ignorierte oder nicht zu deuten wusste? Höchstwahrscheinlich eine dieser harmlosen alten Schachteln, die allein lebten und aßen, nicht mehr ganz beieinander waren und sich zu so später Stunde eigentlich nicht draußen herumtreiben sollten.

Auf der High Holborn summte sie das Lied vom Weidengarten vor sich hin. Das Obst und die harte Verpackung des Fertiggerichts in der Einkaufstüte schlenkerten beruhigend an ihr Bein. Die Pastete würde sie in der Mikrowelle aufwärmen und sich währenddessen fürs Bett bereitmachen, sie würde im Nachthemd vor den Fernsehnachrichten essen, und dann stünde nichts mehr zwischen ihr und dem Schlaf. Kein Nachhelfen durch Chemie nötig. Für morgen war eine hochkarätige Scheidung angesetzt: ein berühmter Gitarrist und seine nur fast berühmte Frau – eine Schnulzensängerin mit einem hervorragenden Anwalt, die von seinen 27 Millionen einen beträchtlichen Teil für sich wollte. Ein Pappenstiel, verglichen mit heute, aber der Presserummel würde genauso heftig sein, die Verhandlung genauso ernst.

Sie betrat das Gelände von Gray's Inn, ihre vertraute Zuflucht. Es freute sie jedes Mal, wie der Verkehrslärm abebbte, je tiefer sie eindrang. Eine geschlossene Wohnanlage aus historischen Zeiten, eine Festung voller Anwälte und Richter, die nebenher Musiker, Weinkenner, Möchtegernschriftsteller, Fliegenfischer und Anekdotenerzähler waren. Eine Brutstätte von Klatsch und Fachwissen, ein herrlicher Garten, in dem noch immer der vernünftige Geist von Francis Bacon umging. Sie liebte diese Straßen und wollte nie woanders wohnen.

In ihrem Gebäude fiel ihr auf, dass die Treppenbeleuchtung, die eine Zeitschaltung hatte, an war. Sie ging hoch, hörte das übliche Knarren der vierten und siebten Stufe, und dann, kurz bevor sie die zweite Etage erreichte, sah sie alles und begriff sofort. Ihr Mann war da, erhob sich gerade, ein Buch in der Hand, er hatte auf dem Koffer an der Wand hinter ihm gesessen, sein Jackett lag auf dem Boden, neben der offenen Aktentasche, aus der Papiere quollen. Ausgesperrt. Er hatte gewartet und dabei gearbeitet. Warum auch nicht? Er wirkte zerzaust und gereizt. Ausgesperrt. Er wartete seit einer Ewigkeit. Eindeutig nicht zurückgekommen, um frische Hemden und Bücher zu holen, dagegen sprach der Koffer. Ihr erster Gedanke, trübselig und egoistisch, war der, dass sie ihr Abendessen jetzt mit ihm teilen müsste. Oder doch nicht. Sie würde gar nichts essen.

Sie kam die letzten Stufen hoch, nahm wortlos die Schlüssel, die neuen Schlüssel, aus ihrer Handtasche und ging um ihn herum zur Tür. Sollte er doch als Erster etwas sagen.

Sein Ton war missmutig. »Ich habe den ganzen Abend versucht, dich zu erreichen.«

Sie schloss auf, trat, ohne sich umzudrehen, ein und ging in die Küche, warf ihre Sachen auf den Tisch und blieb erst einmal dort stehen. Ihr Herz schlug viel zu heftig. Sie hörte sein übellauniges Schnaufen, als er sein Gepäck hereintrug. Sollte es zum Streit kommen, was sie nicht wollte, nicht jetzt, wäre es ihr in der Küche zu eng. Sie nahm ihre Tasche und eilte ins Wohnzimmer, zu ihrem gewohnten Platz auf der Chaiselongue. Hastig breitete sie Papiere um sich aus, ein Schutzwall aus Akten, ohne die sie nichts mit sich anzufangen gewusst hätte.

Das Rumpeln von Jacks Koffer, als er ihn über den Flur ins Schlafzimmer zerrte, kam ihr vor wie ein Auftakt. Und wie ein Affront. Aus Gewohnheit zog sie die Schuhe aus und nahm dann irgendein Schriftstück zur Hand. Der Gitarrist besaß eine hübsch eingerichtete Villa in Marbella. Die Schnulzensängerin hatte ein Auge darauf geworfen. Doch er hatte die Villa bereits vor der Ehe erworben, und zwar von seiner früheren Frau, im Gegenzug dafür, dass er die gemeinsame Wohnung in der Londoner City räumte. Diese frühere Frau wiederum war bei der Scheidung von ihrem ersten Ehemann an die Villa gekommen. Irrelevant, ermahnte Fiona sich reflexartig.

Das Knarren einer Diele ließ sie aufblicken. Jack blieb kurz in der Tür stehen, bevor er auf die Spirituosen zusteuerte. Er trug Jeans und ein weißes, bis zur Brust offenes Hemd. Hielt er sich für begehrenswert? Er war unrasiert, sie sah seine grauweißen Stoppeln sogar aus dieser Entfernung. Lächerlich, sie waren beide einfach nur lächerlich. Er schenkte sich einen Scotch ein und hob die Flasche in ihre Richtung. Sie schüttelte den Kopf. Er zuckte die Schultern und ging zu seinem Sessel. Spielverderberin – wann, wenn nicht jetzt. Er ließ sich mit einem behaglichen Seufzer nieder. Sein Sessel, ihr Sessel, zurück im Eheleben. Sie sah auf das Blatt in ihrer Hand, die Frau erzählte von der verlockenden Welt des Gitarristen, unmöglich, sich jetzt darauf zu konzentrieren. Schweigen herrschte, während er trank und sie ins Leere starrte.

Dann sagte er: »Hör zu, Fiona, ich liebe dich.«

Nach einigen Sekunden sagte sie: »Ich möchte, dass du im Gästezimmer schläfst.«

Er senkte zustimmend den Kopf. »Ich bring meinen Koffer rüber.«

Er stand nicht auf. Sie wussten beide um die Kraft des Ungesagten, lauter unsichtbare Geister tanzten um sie herum. Sie hatte ihm nicht gesagt, er solle die Wohnung verlassen, sie hatte sich stillschweigend damit einverstanden erklärt, dass er hier übernachtete. Er hatte ihr noch nicht gesagt, ob seine Statistikerin ihn rausgeschmissen oder ob er es sich anders überlegt oder ob er jetzt genug Ekstase erlebt hatte, dass es bis an sein Grab reichen würde. Das neue Schloss war mit keinem Wort erwähnt worden. Bestimmt fragte er sich misstrauisch, warum sie so spät nach Hause gekommen war. Sie konnte seinen Anblick kaum ertragen. Eigentlich müssten sie sich jetzt richtig streiten, lang und ausführlich, in mehreren Kapiteln. Es wäre mit giftigen Abschweifungen zu rechnen, er würde seine Zerknirschung womöglich in Vorwürfe verpacken, es konnte Monate dauern, ehe sie ihn in ihr Bett ließ, das Gespenst der anderen Frau würde vielleicht ewig zwischen ihnen schweben. Aber irgendwie würden sie wohl einen Weg zurück finden zu dem, was sie einmal hatten.

Der Gedanke an die ungeheure Anstrengung, die das kosten würde, an die Vorhersehbarkeit der ganzen Sache, verdross sie noch mehr. Und doch war sie daran gebunden. Als hätte sie sich vertraglich verpflichtet, ein langweiliges, aber unentbehrliches juristisches Handbuch zu schreiben. Sie hätte jetzt auch gern etwas getrunken, aber das hätte zu sehr nach Feiern ausgesehen. Von Versöhnung war sie noch meilenweit entfernt. Vor allem wollte sie ihn nicht noch einmal sagen hören, dass er sie liebe, das hätte sie nicht ertragen. Sie wollte allein im Bett sein, im Dunkeln auf dem Rücken liegen, in ein Stück Obst beißen, den Rest auf den Boden fallen lassen und dann wegdösen. Was hinderte sie denn daran? Sie stand auf und sammelte ihre Papiere zusammen, und in dem Augenblick begann er zu sprechen.

Es war ein Sturzbach, halb Abbitte, halb Rechtfertigung, manches davon hatte sie bereits gehört. Seine Sterblichkeit, seine jahrelange unerschütterliche Treue, seine überwältigende Neugier, wie es wohl wäre, und praktisch unmittelbar, nachdem er sie an jenem Abend verlassen hatte, kaum dass er bei Melanie angekommen war – das Bewusstsein seines Fehlers. Sie war eine Fremde, er verstand sie nicht. Und als sie in ihr Schlafzimmer gingen ...

Fiona hob warnend die Hand. Vom Schlafzimmer wollte sie nichts hören. Er stockte, überlegte und fuhr fort. Er hatte sich, erkannte er, wie der letzte Idiot von sexueller Gier treiben lassen, er hätte auf der Stelle kehrtmachen sollen, gleich als sie ihm die Tür öffnete, aber er schämte sich und glaubte, die Sache durchziehen zu müssen.

Fiona stand, ihre Aktentasche an den Bauch gedrückt, mitten im Zimmer, starrte ihn an und fragte sich, wie sie ihn zum Schweigen bringen könnte. Zu ihrer Überraschung spielte selbst jetzt, in der Eröffnungsszene des großen Ehedramas, das irische Lied in ihrem Kopf weiter, dudelte im Tempo von Jacks Rede, mechanisch und fröhlich zugleich, als käme es aus dem Schallkasten einer Drehorgel. Ihre Gefühle waren in Aufruhr, vor lauter Erschöpfung unscharf und schwer zu deuten, solange die wehleidigen Worte ihres Mannes über sie herschwappten. Was sie empfand, war weniger als Wut oder Groll, aber doch mehr als bloße Resignation.

Ja, sagte Jack, einmal in Melanies Wohnung angekommen, habe er sich stupiderweise verpflichtet gefühlt, mit dem, was er angefangen habe, weiterzumachen. »Und je mehr ich mich in der Falle fühlte, desto klarer wurde mir, was für ein Idiot ich war, alles aufs Spiel zu setzen, alles, was wir haben, alles, was wir miteinander geschaffen haben, diese Liebe, die –«

»Ich hatte einen langen Tag«, sagte sie und ging zur Tür. »Ich stelle deinen Koffer in den Flur.«

In der Küche nahm sie einen Apfel und eine Banane aus der Einkaufstüte. Als sie mit dem Obst in der Hand zum Schlafzimmer ging, stieg die Erinnerung an den relativ glücklichen Heimweg in ihr auf. Da hatte sie ein kleines Licht am Ende des Tunnels gesehen. Schwer, das jetzt wieder in den Blick zu kriegen. Sie stieß die Tür auf, und da war der Koffer, akkurat stand er auf seinen Rollen neben dem Bett. Und mit einem Mal erkannte sie, was Jacks Rückkehr in ihr auslöste. Ganz einfach. Es war Enttäuschung darüber, dass er nicht weggeblieben war. Nur noch ein kleines bisschen länger. Nichts als das. Enttäuschung.

4

Mit Fakten ließ sich dieser Eindruck zwar nicht erhärten, aber im Spätsommer 2012 schienen ihr die Krisen und Zerwürfnisse zwischen Ehe- und anderen Paaren in Großbritannien anzuschwellen wie eine unberechenbare Springflut, die ganze Familien fortschwemmte, Besitztümer und hoffnungsvolle Träume auseinanderriss und jeden hinwegspülte, der keinen starken Überlebensinstinkt besaß. Liebesschwüre wurden widerrufen oder umformuliert, gute Gefährten wurden zu raffinierten Kriegern, die ohne Rücksicht auf die Kosten ihre Anwälte aufeinanderhetzten. Einst kaum beachtete Haushaltsgegenstände waren auf einmal heftig umkämpft, einst unbefangenes Vertrauen wurde durch sorgfältig formulierte »Abmachungen« ersetzt. Die Duellanten schrieben die Geschichte ihrer Ehe um: Von Anfang an war sie zum Scheitern verurteilt, die Liebe nichts als ein leerer Wahn. Und die Kinder? Figuren in einem Spiel, Faustpfand der Mütter, Druckmittel gegen die Väter, die sie finanziell oder emotional vernachlässigten; Vorwand für konkrete oder eingebildete oder zynisch konstruierte Missbrauchsanschuldigungen, meist von Seiten der Mütter, manchmal auch der Väter; verstörte Kinder, die im Wochenrhythmus gemeinsamer Sorgerechtsregelungen zwischen zwei Haushalten pendelten, wobei jeder verlegte Mantel, jedes verlegte

Federmäppchen zum Beweisstück wurde, das ein Anwalt dem anderen zeternd um die Ohren schlug; Kinder, dazu verdammt, ihre Väter nur ein- oder zweimal im Monat zu sehen; oder gar nicht mehr, falls die das Eisen schmiedeten, solange es heiß war, sich gleich in den Schmelzofen einer neuen Ehe stürzten und neue Nachkommen zeugten.

Und das Geld? Die neuen Währungen hießen Halbwahrheit und Sonderfallantrag. Gierige Ehemänner gegen gierige Ehefrauen, die wie kriegsführende Nationen vor dem endgültigen Rückzug aus den Ruinen rafften, was an Beute noch zu holen war. Männer, die ihr Vermögen auf Konten im Ausland versteckten, Frauen, die bis an ihr Lebensende in Saus und Braus leben wollten. Mütter, die trotz gerichtlicher Anordnung verhinderten, dass die Kinder ihre Väter sahen; Väter, die trotz gerichtlicher Anordnung die Alimente für ihre Kinder nicht zahlten. Männer, die Frau und Kinder schlugen, Frauen, boshaft und verlogen; er oder sie oder beide alkoholabhängig, drogensüchtig oder geistesgestört; und dann wieder die Kinder, gezwungen, sich um ein unfähiges Elternteil zu kümmern, Kinder, die tatsächlich missbraucht wurden, sexuell, seelisch, beides, und deren Aussagen auf Video in den Gerichtssaal gelangten. Und außerhalb von Fionas Reichweite, in nicht mehr familien-, sondern strafrechtlichen Fällen, Kinder, die gefoltert wurden, Kinder, die man verhungern ließ oder zu Tode prügelte, denen man in animistischen Ritualen böse Geister austrieb; brutale junge Stiefväter, die Säuglingen sämtliche Knochen brachen, während halb schwachsinnige Mütter einfach nur zusahen, und Drogen, und Alkohol, extrem verdreckte Wohnungen, gleichgültige Nachbarn, die für Kinderschreie selektiv taub waren, und achtlose oder überforderte Sozialarbeiter, die nicht einschritten.

Die Arbeit ging dem Familiengericht nicht aus. Reines Pech bei der Zuteilung, dass Fiona es mit so vielen Ehekrisen zu tun bekam. Purer Zufall, dass sie selbst in einer steckte. In ihrem Rechtsgebiet schickte man Leute normalerweise nicht ins Gefängnis, dennoch malte sie sich in müßigen Momenten aus, wie sie alle diese Leute hinter Schloss und Riegel brachte, die auf Kosten ihrer Kinder eine jüngere Frau wollten, einen reicheren oder weniger langweiligen Mann, einen anderen Wohnort, frischen Sex, frische Liebe, eine neue Weltanschauung oder einen netten Neuanfang, ehe es zu spät war. Allen ging es nur um ihr Vergnügen. Moralischer Kitsch. Ihre eigene Kinderlosigkeit und die Situation mit Jack befeuerten diese Träumereien, die natürlich nicht ernst gemeint waren. Und doch hegte sie, auch wenn es sich nicht auf ihre Entscheidungen auswirkte, im tiefsten Innern eine puritanische Verachtung für die Männer und Frauen, die ihre Familien auseinanderrissen und sich dabei einredeten, sie würden selbstlos und zum Besten aller agieren. In diesem Gedankenexperiment fanden auch die Kinderlosen, oder zumindest Jack, keine Gnade vor ihr. Ein läuternder Freiheitsentzug als Strafe dafür, dass er auf der Jagd nach Neuem ihre Ehe besudelt hatte? Warum nicht?

Das Leben zu Hause in Gray's Inn war seit seiner Rückkehr erstarrt und angespannt. Mehrmals hatten sie gestritten, hatte sie ihren bitteren Empfindungen Luft gemacht. Zwölf Stunden später brachte sie diese Empfindungen erneut zur Sprache, wieder mit einer Inbrunst, als handle es sich um Eheschwüre – doch nichts änderte sich, das Gewitter war nicht »reinigend«. Sie blieb die Betrogene. Er würzte seine Rechtfertigungen mit den alten Klagen: Sie habe ihn auf Distanz gehalten, sie sei kalt. Eines späten Abends sagte er sogar, es mache »keinen Spaß mehr« mit ihr, sie habe »das Spielen verlernt«. Von allen seinen Vorwürfen traf dieser sie am meisten, denn sie ahnte, dass etwas Wahres daran war. Aber das linderte ihren Zorn nicht.

Wenigstens sagte er nicht mehr, dass er sie liebe. Ihr letzter Schlagabtausch vor zehn Tagen hatte nur alles wiederholt, was sie zuvor schon gesagt hatten, jede Anschuldigung, jede Erwiderung, jeden wohlerwogenen, wohlformulierten Satz, und bald ließen sie es einfach sein, einander und ihrer selbst überdrüssig. Seither nichts. Sie durchlebten ihre Tage, gingen ihren gesonderten Tätigkeiten in unterschiedlichen Teilen der Stadt nach, und in der Wohnung bewegten sie sich mit komplizierten Schrittfolgen aneinander vorbei wie Tänzer bei einem Squaredance. Galt es Haushaltsdinge zu besprechen, waren sie kurz und bündig und überhöflich; sie vermieden gemeinsame Mahlzeiten, arbeiteten in verschiedenen Zimmern, ein jeder abgelenkt von der radioaktiven, durch die Wände hindurchstrahlenden Anwesenheit des anderen. Stillschweigend drückten sie sich vor allen gemeinsamen Einladungen. Als einzige Versöhnungsgeste gab sie ihm einen neuen Schlüssel.

Aus seinen ausweichenden, aber mürrischen Bemerkungen schloss sie, dass er im Schlafzimmer der Statistikerin nicht das Paradies gefunden hatte. Gar nicht *so* beruhigend. Wahrscheinlich würde er sein Glück anderswo versuchen, war vielleicht schon dabei, diesmal befreit vom faden Zwang zur Ehrlichkeit. Seine »Geologievorlesungen« wären dafür das perfekte Alibi. Sie erinnerte sich an ihre Ankündigung, ihn zu verlassen, wenn er mit Melanie etwas anfing. Aber Fiona fehlte die Zeit, einen so komplizierten Aufdröselungsprozess einzuleiten. Und sie war noch immer unentschieden, sie traute ihrer gegenwärtigen Stimmung nicht. Hätte er ihr nach seinem Weggang mehr Zeit gelassen, hätte sie zu einem klaren Entschluss kommen und konstruktiv an der Auflösung oder einem Neubeginn ihrer Ehe arbeiten können. So jedoch warf sie sich wie üblich in die Arbeit und begnügte sich damit, das gedämpfte Drama ihres Halblebens mit Jack von einem Tag zum anderen zu überstehen.

Als eine seiner Nichten ihre Töchter für ein Wochenende zu ihnen brachte, eineiige Zwillinge von acht Jahren, wurde es einfacher, die Wohnung wirkte größer, jetzt, wo die Aufmerksamkeit einen äußeren Fokus hatte. Jack schlief zwei Nächte auf dem Sofa im Wohnzimmer, was die Kinder wie selbstverständlich hinnahmen. Es waren Mädchen der manierlichen, altmodischen Art, ernst und zutraulich, auch wenn sie mitunter in heftigen Zank geraten konnten. Die eine oder andere – sie waren leicht auseinanderzuhalten – gesellte sich zu Fiona, die lesend im Sessel saß, legte ihr vertrauensvoll eine Hand aufs Knie und ließ einen silberhellen Strom von Anekdoten, Gedanken oder Phantasiegeschichten vom Stapel. Fiona steuerte dann auch das eine oder andere bei. Zweimal in diesen Tagen stieg beim Erzählen eine solche Liebe zu dem Kind in ihr auf, dass es ihr die Kehle zuschnürte und in den Augen brannte. Sie kam sich alt und töricht vor. Nur ungern wurde sie daran erinnert, wie gut Jack mit Kindern umgehen konnte. Auf die Gefahr hin, sich den Rücken zu verrenken, wie es ihm einmal bei den drei Söhnen von Fionas Bruder passiert war, tobte er wild mit den Mädchen herum, was die mit unbändigem Kreischen quittierten. Ihre verhärmte geschiedene Mutter schleuderte sie nie so ausgelassen in die Luft. Er ging mit ihnen in den Park und brachte ihnen eine von ihm erfundene bizarre Version von Kricket bei; vorm Schlafengehen las er ihnen mit schauspielerischem Talent, umwerfend komisch, ein langes Märchen vor.

Aber kaum waren die Zwillinge am Sonntagabend abgeholt worden, schrumpften die Zimmer wieder, die Luft war stickig, und Jack ging ohne ein Wort der Erklärung aus dem Haus – zweifellos ein feindseliger Akt. Zu einem Rendezvous?, fragte sie sich, während sie das Gästezimmer aufräumte, um nicht vollends in Melancholie zu versinken. Sie legte die Kuscheltiere in ihren Korb zurück, klaubte Glasperlen und Kinderzeichnungen unter dem Bett hervor und empfand dabei jenen gelinden Schmerz, jene augenblickliche Wehmut, die die plötzliche Abwesenheit von Kindern auslösen kann. Dieses Gefühl hielt bis Montagmorgen an und steigerte sich zu einer allgemeinen Tristesse, die sie auf dem Weg zur Arbeit begleitete. Es verblasste erst, als sie am Schreibtisch saß und sich auf den ersten Fall der Woche vorbereitete.

Irgendwann musste Nigel Pauling ihr die Post gebracht haben, denn auf einmal lag der Stapel neben ihr. Zuoberst ein kleiner hellblauer Umschlag, bei dessen Anblick sie beinahe den Sekretär gerufen hätte, damit er ihn für sie öffnete. Sie war nicht in der Stimmung, noch so einen Erguss primitiver Beschimpfungen oder Gewaltandrohungen zu lesen. Sie wandte sich wieder ihrer Arbeit zu, konnte sich aber nicht konzentrieren. Der unpraktische Umschlag, die kraklige Handschrift, das Fehlen der Postleitzahl, die schief aufgeklebte Briefmarke – das alles hatte sie schon zu oft gesehen. Doch als sie noch einmal hinschaute und den Poststempel bemerkte, kam ihr plötzlich ein Verdacht; sie wog den Brief kurz in der Hand, dann schlitzte sie ihn auf. Schon an der Anrede erkannte sie, dass sie recht gehabt hatte. Irgendwie hatte sie seit Wochen damit gerechnet. Sie hatte mit Marina Greene gesprochen und erfahren, dass er gute Fortschritte machte, aus dem Krankenhaus entlassen war, zu Hause den versäumten Schulstoff nachholte und in wenigen Wochen wieder am Unterricht teilnehmen sollte.

Drei hellblaue Blätter, auf fünf Seiten beschrieben. Oben auf der ersten stand über dem Datum eine eingekreiste Sieben.

Mylady!
    Das ist mein Siebter, und ich glaube, den werde ich abschicken.

Die ersten Worte des nächsten Absatzes waren durchgestrichen.

Es wird auch der Einfachste und der Kürzeste sein. Ich möchte Ihnen nur einen Vorfall schildern. Ich weiß jetzt, wie wichtig das war. Es hat alles verändert. Ich bin froh, dass ich gewartet habe, zum Glück haben Sie die anderen Briefe nicht gelesen. Viel zu peinlich! Aber nicht so schlimm wie die Ausdrücke, mit denen ich Sie beschimpft habe, als Donna kam und mir von Ihrer Entscheidung erzählte. Ich war mir sicher, Sie würden die Dinge so sehen wie ich. Ich weiß ja noch genau, was Sie zu mir gesagt haben: Ich hätte deutlich gemacht, dass ich weiß, was ich will. Und ich habe Ihnen dann gedankt. Ich war noch immer außer mir vor Wut, als dieser widerliche Arzt, Mister »sag Rodney zu mir« Carter, mit einem halben Dutzend Leuten und diesen Apparaten zu mir reinkam. Die dachten, sie würden mich mit Gewalt festhalten müssen. Aber dafür war ich zu schwach, und so wütend ich auch war, ich wusste, was Sie von mir erwarteten. Also hielt ich meinen Arm hin und ließ sie machen. Die Vorstellung, dass sich das Blut eines anderen mit meinem vermischte, war so ekelhaft, dass ich mich übers ganze Bett erbrach.

Aber das war es nicht, was ich Ihnen erzählen wollte. Sondern Folgendes. Meine Mum ertrug es nicht, dabei zuzusehen. Sie saß draußen vor meinem Zimmer, und als ich sie weinen hörte, wurde ich sehr traurig. Wann mein Dad gekommen ist, weiß ich nicht. Ich glaube, ich war eine Zeitlang bewusstlos, und als ich aufwachte, saßen sie beide an meinem Bett – und beide weinten, und ich wurde noch trauriger, weil wir alle gegen Gottes Gebote verstießen. Aber jetzt kommt das Wichtige: Bald erkannte ich, dass sie vor FREUDE weinten! Sie waren so glücklich, umarmten mich, umarmten einander und lobten schluchzend den Herrn. Das war mir unheimlich, und ich bin erst nach ein, zwei Tagen daraus schlau geworden. Zuerst habe ich gar nicht darüber nachgedacht. Dann aber doch. Ein Omelett machen, ohne Eier zu zerschlagen! Früher habe ich diese Redensart nie verstanden. Jetzt schon. Man hat die ganzen Eier immer noch in der Hand, obwohl ein fertiges Omelett auf dem Tisch steht. Meine Eltern haben sich an die Lehre gehalten und den Ältesten gehorcht und alles richtig gemacht und können damit rechnen, ins Paradies auf Erden einzugehen – und gleichzeitig bleibe ich am Leben, ohne dass einer von uns aus der Gemeinde ausgeschlossen wird. Er kriegt Transfusionen, aber es ist nicht unsere Schuld! Schuld hat die Richterin, Schuld hat das gottlose System, Schuld hat das, was wir manchmal die »Welt« nennen. Was für eine Erleichterung! Wir können unseren Sohn behalten, obwohl wir gesagt haben, dass er sterben muss. Unser Sohn, das Omelett!

Ich weiß immer noch nicht, was ich davon halten soll. War das ein Betrugsmanöver? Für mich war dieser Moment der Wendepunkt. Aber um es kurz zu machen. Als man mich wieder nach Hause brachte, schaffte ich die Bibel aus meinem Zimmer, legte sie symbolisch mit der Vorderseite nach unten auf einen Stuhl im Flur und sagte meinen Eltern, dass ich nie wieder in den Königreichssaal mitkommen werde und sie mich meinetwegen ruhig ausschließen sollen, wenn sie wollen. Danach haben wir uns furchtbar gestritten. Mr Crosby kam vorbei, um mich zur Vernunft zu bringen. Keine Chance. Ich habe Ihnen all die Briefe geschrieben, weil ich unbedingt mit Ihnen reden musste, ich brauche Ihren klaren Verstand, ich möchte Ihre ruhige Stimme hören und das alles mit Ihnen besprechen. Ich habe das Gefühl, Sie haben mich nah an etwas anderes herangeführt, an etwas wirklich Schönes und Tiefes, nur dass ich nicht recht weiß, was das ist. Sie haben mir nicht erzählt, woran Sie glauben, aber ich fand es so toll, wie Sie bei mir gesessen und wir den *Weidengarten* gespielt haben. Ich lese dieses Gedicht immer noch jeden Tag. Ich mag es, »jung und töricht« zu sein, und ohne Sie wäre ich weder das eine noch das andere, sondern tot! Ich habe Ihnen eine Menge dumme Briefe geschrieben und denke die ganze Zeit an Sie und möchte Sie wirklich gern wiedersehen und mit Ihnen reden. Ich träume von uns, unmögliche, wunderbare Sachen, zum Beispiel dass wir gemeinsam auf einem Schiff um die Welt reisen, unsere Kabinen liegen nebeneinander, und wir gehen den ganzen Tag an Deck auf und ab und diskutieren.

Mylady, schreiben Sie mir bitte, nur ein paar Worte, damit ich weiß, Sie haben diesen Brief gelesen und hassen mich nicht dafür, dass ich ihn geschrieben habe.

Ihr

Adam Henry

PS: Ich wollte noch sagen, dass ich immer mehr zu Kräften komme.

* * *

Sie antwortete nicht, oder genauer, sie schickte den Brief nicht ab, an dem sie abends fast eine halbe Stunde lang schrieb. Erst die vierte und letzte Fassung erschien ihr freundlich genug: Es freue sie zu erfahren, dass er zu Hause sei und es ihm bessergehe und dass er ihren Besuch in so guter Erinnerung habe. Sie rate ihm, seinen Eltern mit Liebe zu begegnen. Es sei ganz normal, wenn man als Teenager die Überzeugungen, mit denen man aufgewachsen sei, in Frage stelle, aber das solle man immer auf respektvolle Weise tun.

Zum Schluss schrieb sie – nicht wahrheitsgemäß –, die Vorstellung so einer Schiffsreise um die Welt sei »durchaus reizvoll«. In jungen Jahren habe sie selbst ganz ähnliche Fluchtgedanken gehabt. Auch das stimmte nicht, denn schon als Sechzehnjährige war sie zu ehrgeizig, zu sehr auf gute Noten versessen, als dass sie vom Ausreißen geträumt hätte. Die Besuche bei ihren Cousinen in Newcastle waren ihre einzigen Abenteuer gewesen. Als sie tags darauf den kurzen Brief noch einmal durchlas, fand sie ihn nicht mehr freundlich, sondern unterkühlt: der platte Ratschlag, das mehrfache unpersönliche »man«, die fingierte Erinnerung. Sie las seinen Brief noch einmal, und wieder rührte sie die frische Unschuld, die Wärme darin. Besser, ihm gar nicht zu antworten, als ihn zu enttäuschen. Sollte ihr was einfallen, könnte sie ihm später immer noch schreiben.

Bald stand wieder die ›Tournee‹ durch ihren Gerichtsbezirk an. Zusammen mit einem zweiten Richter, der für Straf- und Zivilrecht zuständig war, würde sie diverse englische Städte und alte Assisengerichtssitze bereisen und dort Fälle verhandeln, die sonst an die Londoner Gerichtshöfe verwiesen werden müssten. Sie würde in eigens dafür unterhaltenen Residenzen wohnen, meist beeindruckenden, historisch oder architektonisch interessanten Stadthäusern, von denen einige über legendäre Weinkeller und einen ordentlichen Koch verfügten. Üblicherweise lud der High Sheriff zu einem Dinner ein. Sie und ihr Richterkollege würden dann ihrerseits in der Residenz angesehene oder interessante Menschen (da gab es einen Unterschied) aus der Gegend bewirten. Die Schlafzimmer waren um einiges prachtvoller als ihres zu Hause, die Betten breiter, die Bezüge aus feinerem

Stoff. In besseren Zeiten, als glücklich verheiratete Frau, war es ein sinnlich-schuldbewusstes Vergnügen gewesen, ein solches Zimmer für sich allein zu haben. Jetzt sehnte sie sich einfach fort von dem stillen, ernsten *pas de deux* zu Hause. Und als Erstes war ihre Lieblingsstadt dran.

Eines Morgens Anfang September, eine Woche vor ihrer Reise, bekam sie einen zweiten Brief. Der blaue Umschlag lag auf der Fußmatte im Flur, zusammen mit Werbesendungen und der Stromrechnung, und noch ehe sie ihn öffnete, wurde ihr mulmig zumute. Keine Adresse, nur ihr Name. Sicher war es für Adam Henry ein Leichtes, draußen auf The Strand oder in der Carey Street auf sie zu warten und ihr unauffällig nach Hause zu folgen.

Jack war schon auf dem Weg zur Arbeit. Sie ging in die Küche und setzte sich mit dem Brief zu den Resten ihres Frühstücks.

Mylady,
ich weiß gar nicht mehr, was ich Ihnen geschrieben habe, weil ich keine Kopie behalten habe, aber es ist schon in Ordnung, dass Sie nicht antworten. Ich muss immer noch mit Ihnen reden. Hier meine Neuigkeiten – dauernd Streit mit meinen Eltern, toll, wieder in der Schule zu sein, mir geht's immer besser, bin glücklich, dann traurig und wieder glücklich. Manchmal wird mir schlecht bei der Vorstellung, dass ich das Blut eines anderen in mir habe, als hätte ich den Speichel eines Fremden getrunken. Oder Schlimmeres. Ich werde den Gedanken nicht los, dass Transfusion etwas Unrechtes ist, aber es kümmert mich nicht mehr. Ich habe so viele Fragen an Sie, bin mir aber

nicht mal sicher, ob Sie sich überhaupt an mich erinnern. Bestimmt haben Sie nach mir schon Dutzende andere Fälle gehabt und jede Menge Entscheidungen über andere Leute treffen müssen. Ich bin eifersüchtig! Ich wollte Sie auf der Straße ansprechen, mich von hinten anschleichen und Ihnen auf die Schulter klopfen. Ich hab mich nicht getraut, weil ich ein Feigling bin. Ich dachte, vielleicht erkennen Sie mich gar nicht. Sie brauchen auch jetzt nicht zu antworten – obwohl, wünschen tu ich es mir schon. Bitte machen Sie sich keine Sorgen, ich möchte Sie nicht belästigen oder bedrängen. Ich habe bloß das Gefühl, mir zerspringt der Schädel. Was da alles rauskommt!

Hochachtungsvoll
Adam Henry

Umgehend schrieb sie Marina Greene eine E-Mail und fragte, ob die Sozialarbeiterin bei Gelegenheit – bloß zur Nachkontrolle – nach dem Jungen sehen und ihr davon berichten könnte. Abends war schon eine Antwort da. Marina hatte Adam am Nachmittag in seiner Schule getroffen, wo er sich mit Zusatzkursen auf die Abschlussklausuren vor Weihnachten vorbereitete. Sie habe eine halbe Stunde mit ihm gesprochen. Er habe zugenommen und eine gesunde Gesichtsfarbe. Er sei lebhaft, ja »heiter und verschmitzt«. Zu Hause gebe es Schwierigkeiten, hauptsächlich religiöse Meinungsverschiedenheiten mit seinen Eltern, aber das halte sie für nichts Ungewöhnliches. Vom Schuldirektor habe sie erfahren, dass Adam seit der Entlassung aus dem Krankenhaus fleißig den verpassten Stoff aufhole. Seine Lehrer seien mehr als zufrieden mit ihm. Er nehme rege am Unterricht teil und zeige keine Verhaltensauffälligkeiten. Alles in allem sei die ganze Sache gut ausgegangen. Beruhigt entschied Fiona sich dagegen, ihm zu schreiben.

Eine Woche später, am Montagmorgen ihrer Abreise in den Nordosten Englands, kam es zu einer winzigen Verschiebung in den ehelichen Verwerfungslinien, einer Bewegung, so unmerklich wie die Kontinentaldrift. Keiner von beiden verlor ein Wort dazu. Als sie später im Zug saß und darüber nachdachte, schien ihr die Szene exakt in der Schwebe zwischen Realität und Einbildung. Konnte sie ihrer Erinnerung trauen? Um halb acht war sie in die Küche gekommen. Jack stand mit dem Rücken zu ihr an der Anrichte und schüttete Kaffeebohnen in die Mühle. Ihr Koffer war schon im Flur, sie musste nur noch ein paar letzte Akten finden. Wie immer schreckte sie davor zurück, mit ihm in einem Raum zu sein. Sie nahm einen Schal von einer Stuhllehne und ging ins Wohnzimmer, um dort weiterzusuchen.

Minuten später kam sie zurück. Er nahm gerade einen Krug Milch aus der Mikrowelle. Was den Morgenkaffee betraf, hatten ihre Vorlieben sich im Lauf der Jahre angenähert. Sie mochten ihn stark, gefiltert, aus erstklassigen kolumbianischen Bohnen, in großen, dünnwandigen weißen Tassen, dazu warme, nicht heiße Milch. Immer noch mit dem Rücken zu ihr, goss er Milch in seinen Kaffee und drehte sich dann mit der Tasse in der Hand zu ihr um. Nichts in seiner Miene wies darauf hin, dass er ihr die Tasse anbot, und auch sie reagierte weder mit Nicken noch mit Kopfschütteln. Ihre Blicke begegneten sich kurz. Dann stellte er die Tasse auf den Holztisch und schob sie ein paar Zentimeter in ihre Richtung. Das mochte für sich genommen absolut nichts zu bedeuten haben, da sie in ihrem angespannten Umeinanderschleichen stets betont höflich blieben, als wollte einer den anderen überbieten und noch vernünftiger wirken, noch weiter über jegliche Ranküne erhaben. Nie wären sie auf die Idee gekommen, Kaffee nur für sich allein aufzubrühen. Aber es gibt verschiedene Möglichkeiten, eine Tasse auf den Tisch zu stellen, mit gebieterischem Knall oder behutsam und lautlos, es gibt verschiedene Möglichkeiten, eine Tasse entgegenzunehmen, was sie nun wie in Zeitlupe tat; und nachdem sie einen Schluck getrunken hatte, ging sie nicht etwa, oder jedenfalls nicht sofort, wie sie es an jedem anderen Morgen getan hätte. Einige stumme Sekunden vergingen, und dann schien es, als könnten sie kein Stück mehr weiter, als sei dieser Moment schon zu viel für sie und jeder darüber hinausgehende Versuch würde zu einem Rückschlag führen. Er wandte sich ab und nahm sich selbst eine Tasse, und sie wandte sich ab und holte etwas aus dem Schlafzimmer. Beide bewegten sich etwas langsamer als sonst, vielleicht sogar ein wenig widerstrebend.

Am frühen Nachmittag kam ihr Zug in Newcastle an. Bei der Schranke vor dem Bahngleis wartete ein Chauffeur, der sie zum Gerichtsgebäude an der Quayside fuhr. Nigel Pauling holte sie am Richtereingang ab und brachte sie zu ihrem Arbeitszimmer. Er war am Morgen aus London hergekommen, im Auto, mit den Gerichtsakten und all ihren Roben – der kompletten Montur, wie er das nannte –, weil sie nicht nur am Familiengericht, sondern auch, als Beisitzerin, am Zivilgericht zu tun haben würde. Der Vorsteher der Gerichtskanzlei hieß sie offiziell willkommen, dann erschien der Protokollbeamte, mit dem sie die Fälle der nächsten Tage durchging.

Es gab noch diverse andere Kleinigkeiten zu erledigen, um vier erst konnte sie gehen. Die Wettervorhersage kündigte für den frühen Abend ein Gewitter aus Südwesten an. Sie bat ihren Fahrer zu warten und spazierte über die breite Flusspromenade, unter der Tyne Bridge hindurch, den Sandhill-Quai entlang, vorbei an neuen Straßencafés und am Blumenschmuck solider Handelshäuser mit klassischen Fassaden. Sie ging die Treppe zu Castle Garth hinauf und genoss von oben die Aussicht auf den Fluss. Ihr gefiel dieses wuchernde Durcheinander aus muskulösem Gusseisen, postindustriellem Stahl und Glas und den aus baufälligem Schlummer wieder zu wundersamer Jugend erwachten alten Lagerhäusern mit ihren Coffeeshops und Bars. Newcastle gehörte zu ihrer Geschichte, und sie fühlte sich wohl hier. Als Teenager – damals war ihre Mutter häufig krank gewesen – hatte sie in der Stadt öfters ihre Lieblingscousinen besucht. Onkel Fred, ein Zahnarzt, war der reichste Mann, den sie bis dahin kennengelernt hatte. Tante Simone war Französischlehrerin. Bei ihnen zu Hause ging es angenehm chaotisch zu, eine Wohltat im Vergleich zu dem stickigen, blitzsauberen Reich ihrer Mutter in Finchley. Fionas Cousinen, fröhliche und ungestüme Mädchen etwa in ihrem Alter, schleppten sie abends auf beängstigende Streifzüge mit, bei denen Alkohol und vier Vollblutmusiker mit hüftlangen Haaren und hängenden Schnurrbärten im Spiel waren, die ziemlich wild aussahen, sich aber als nette Typen erwiesen. Ihre Eltern wären erstaunt und besorgt gewesen, hätten sie gewusst, dass ihre strebsame sechzehnjährige Tochter in gewissen Clubs ein und aus ging, Kirschlikör und Rum-Cola trank und ihren ersten Lover hatte. Zusammen mit ihren

Cousinen war sie treues Groupie und ungelernter Roadie einer schlecht ausgerüsteten, unterbezahlten Bluesband und durfte die Schlagzeugteile und Verstärker im Laderaum eines rostigen Lieferwagens verstauen helfen, der ständig Pannen hatte. Sie stimmte auch die Gitarren. Ihre Emanzipation hatte viel damit zu tun, dass sie nur unregelmäßig zu Besuch kam und nie länger als drei Wochen. Wäre sie länger geblieben – es stand nie zur Debatte –, hätte man sie am Ende noch den Blues singen lassen. Und vielleicht hätte sie Keith geheiratet, den von ihr angehimmelten Sänger und Mundharmonikaspieler mit dem verkümmerten Arm.

Als sie achtzehn war, verlegte Onkel Fred seine Praxis nach Süden, und die Romanze mit Keith endete in Tränen und einigen Liebesgedichten, die sie nicht abschickte. Nie wieder hatte sie seither so viel Abenteuer und ungezügelten Spaß erlebt, und Newcastle blieb für sie immer damit verbunden. In London, der Arena ihrer beruflichen Ambitionen, wäre das nicht möglich gewesen. In späteren Jahren war sie unter verschiedensten Vorwänden in den Nordosten zurückgekehrt, viermal auch schon dienstlich wie jetzt. Sie kriegte jedes Mal gute Laune, wenn Stephensons High Level Bridge über den Tyne in Sicht kam, wenn sie in die Stadt einfuhr und so aufgeregt wie damals als Teenager in Newcastle Central aus dem Zug stieg, zu den drei gewaltigen Bögen von John Dobsons Gleishalle aufblickte und durch den von Thomas Prosser entworfenen, extravaganten neoklassischen Vorbau ins Freie trat. Es war ihr Zahnarztonkel – er holte sie stets in seinem grünen Jaguar ab, in Begleitung der ungeduldigen Cousinen –, der ihr die Augen für den Bahnhof und die anderen architektonischen Schätze der

Stadt geöffnet hatte. Nie verlor sich der Eindruck, plötzlich im Ausland zu sein, in einem baltischen Stadtstaat, der von wunderlichem Optimismus und Stolz übersprudelte. Die Luft war schärfer, das Licht ein weites, leuchtendes Grau, die Eingeborenen freundlich, aber mit Ecken und Kanten, selbstbewusst oder selbstironisch wie Schauspieler in einer Komödie. Verglichen mit ihnen klang ihr südlicher Akzent künstlich und gepresst. Wenn, wie Jack behauptete, die Geologie die Vielfalt britischer Wesensarten und Schicksale formte, dann waren die Einheimischen Granit, und sie war krümliger Kalk. Doch in ihrer mädchenhaften Vernarrtheit in die Stadt, ihre Cousinen, die Band und ihren ersten Liebhaber hatte sie geglaubt, sie könnte sich verwandeln, authentischer werden, wirklicher werden, eine echte Newcastlerin. Noch Jahre später brachte die Erinnerung daran sie zum Lächeln. Aber dieses Ziehen befiel sie immer noch jedes Mal, wenn sie wieder in die Stadt kam, eine vage Ahnung von Erneuerung, von den unbekannten Möglichkeiten eines ganz anderen Lebens – auch jetzt, mit beinahe sechzig.

※ ※ ※

Der Wagen, in dem sie nun behaglich saß, war ein Bentley aus den Sechzigern. Ihr Ziel, Leadman Hall, lag mitten in einem riesigen Park, in den sie jetzt durch das Tor am Pförtnerhaus einfuhren. Am Kricketplatz ging es vorbei, durch die Allee mit den Buchen, die der nun schon kräftigere Wind erbeben ließ, dann an einem Teich, der vor lauter Wasserpflanzen fast erstickte. Die Villa im palladianischen Stil war kürzlich etwas allzu weiß gestrichen worden und verfügte über zwölf Schlafzimmer und neun Angestellte, die für das leibliche Wohl von zwei angereisten Richtern zu sorgen hatten. In Pevsners Architekturführer fand lediglich die Orangerie lobende Erwähnung, sonst nichts. Nur eine bürokratische Anomalie hatte Leadman Hall bislang vor dem Rotstift der Sparmaßnahmen bewahrt, aber die herrschaftlichen Tage waren gezählt, dies war das letzte Jahr, zumindest für die Richterschaft. Das Anwesen gehörte einer hiesigen Familie mit historischen Bergwerksbeteiligungen und wurde für wenige Wochen im Jahr angemietet, ansonsten diente es hauptsächlich als Konferenzzentrum und Veranstaltungsort für Hochzeiten. Der Golfplatz, die Tennisanlagen und der beheizte Swimmingpool waren, das hatte man inzwischen erkannt, überflüssiger Luxus für schwerbeschäftigte Richter auf der Durchreise. Vom nächsten Jahr an würde der geräumige Vauxhall einer örtlichen Taxifirma den Bentley ersetzen. Wohnen würde man in einem zentral gelegenen Hotel. Die Kollegen vom Strafgericht, die bei ihren Besuchen manch einen Newcastler Schwerverbrecher mit furchterregender Verwandtschaft zu langen Gefängnisstrafen verdonnerten, logierten freilich lieber in der Abgeschiedenheit einer prächtigen Villa. Aber niemand konnte sich für Leadman Hall ins Zeug legen, ohne eigennützig zu wirken.

Pauling erwartete sie mit der Hausmeisterin auf dem Kies vor dem Haupteingang. Diesem letzten Besuch wollte er eine festliche Note verleihen. Er trat mit ironischer Verbeugung an die Wagentür und schlug die Hacken zusammen. Wie üblich war es eine neue Hausmeisterin. Diesmal eine Polin, eine junge Frau Anfang zwanzig, schätzte Fiona, aber sie schaute ruhig und gelassen drein und bemächtigte sich des größten Gepäckstücks mit festem Griff, ehe Pauling sich danach bücken konnte. Seite an Seite gingen Sekretär und Hausmeisterin zu dem Zimmer im ersten Stock voran, das Fiona als das ihre betrachtete. Es lag nach vorne heraus und hatte drei große Fenster mit Aussicht auf die Buchenallee und einen Teil des zugewucherten Teichs. Hinter dem stattlichen Schlafzimmer gab es ein Wohnzimmer mit Schreibtisch. Das Bad hingegen befand sich am Ende eines Flurs, drei mit Teppich belegte Stufen tiefer. Zu der Zeit, als die Villa das letzte Mal renoviert wurde, war es mit der inflationären Ausbreitung von Toiletten und Duschen noch nicht weit her.

Das Gewitter setzte ein, als sie aus dem Bad kam. Sie stand im Morgenmantel am mittleren Fenster und sah dem peitschenden Regen zu, gespenstische Schleier flatterten hastig über den Rasen und verhüllten ihn sekundenlang ganz. Einer Buche in der Nähe brach ein Ast aus der Krone, er fiel, blieb senkrecht im Gezweig hängen, schaukelte hin und her, rutschte ab, verfing sich abermals, um schließlich, vom Wind losgerissen, mit Getöse auf die Einfahrt zu stürzen. Fast so laut wie das Regenprasseln auf dem Kies war das Gurgeln der Dachrinnen. Sie machte Licht und zog sich an. Seit zehn Minuten schon wurde sie im Salon zum Sherry erwartet.

Vier Männer in dunklen Anzügen und Krawatte, jeder mit einem Gin Tonic in der Hand, hielten bei ihrem Eintritt im Gespräch inne und erhoben sich aus ihren Sesseln. Ein Kellner in gestärkter weißer Jacke mixte ihr einen Drink, während ihr Kollege, der Strafrechtler Caradoc Ball, ihr die Herren vorstellte: einen Juraprofessor, einen Mann aus der Glasfaserbranche und einen Küstenschutzbeauftragten der Regierung. Allesamt Bekannte von Ball. Sie hatte für den ersten Abend keine Gäste eingeladen. Zunächst sprach man natürlich über das stürmische Wetter. Dann ein Schlenker zu der Beobachtung, dass alle über fünfzig und alle Amerikaner noch immer in der Fahrenheit-Welt lebten. Als Nächstes ging es darum, dass britische Tageszeitungen für den größtmöglichen Effekt kaltes Wetter in Celsius, warmes in Fahrenheit vorhersagten. Unterdessen fragte sie sich, warum der junge Mann, der sich über den Getränkewagen in der Zimmerecke beugte, so lange brauchte. Er brachte ihr den Drink erst, als man bei uralten Erinnerungen an die Umstellung des britischen Pfunds auf das Dezimalsystem angelangt war.

Ball hatte ihr bereits erzählt, dass er wegen der Wiederaufnahme eines Mordprozesses in Newcastle war. Laut Anklage hatte ein Mann seine Mutter in deren Wohnung zu Tode geprügelt, weil sie ihr jüngstes Kind, die Halbschwester des Beschuldigten, misshandelt hatte. Eine Tatwaffe war nicht gefunden worden, der DNA-Befund nicht eindeutig. Die Verteidigung argumentierte, die Frau sei von einem Einbrecher erschlagen worden. Der Prozess war geplatzt, als sich herausstellte, dass ein Geschworener den anderen Informationen weitergegeben hatte, die er mit seinem Smartphone im Internet gefunden hatte. Konkret ging es um einen fünf Jahre alten Zeitungsbericht über eine Vorstrafe des Angeklagten wegen Körperverletzung. Im neuen Internetzeitalter bestand dringender Handlungsbedarf, man musste den Geschworenen »so einiges klarstellen«. Der Juraprofessor hatte dem Rechtsausschuss des Parlaments kürzlich eine entsprechende Vorlage unterbreitet – um diese war es offenbar schon in dem Gespräch gegangen, das Fionas Erscheinen unterbrochen hatte. Jetzt setzte man es fort. Der Glasfasermann warf die Frage auf, wie man Geschworene denn daran hindern solle, zu Hause im Internet nachzurecherchieren oder Familienangehörige darum zu bitten. Relativ einfach, meinte der Professor. Die Geschworenen müssten einander selbst überwachen. Man müsse sie unter Androhung von Freiheitsstrafen dazu verpflichten, jeden anzuzeigen, der sich zu Dingen äußere, die im Prozess nicht zur Sprache kamen. Dafür sollte es bis zu zwei Jahre Haft geben; bis zu sechs Monate für diejenigen, die solche Verstöße nicht meldeten. Der Ausschuss werde nächstes Jahr dazu Stellung nehmen.

In dem Augenblick erschien der Butler und bat sie zu Tisch. Obwohl sie ihn auf höchstens Ende dreißig schätzte, war sein Gesicht totenblass, wie gepudert. Weiß wie Aspirin, hatte sie einmal in Frankreich, auf dem Land, eine Dame sagen hören. Aber krank war er offenbar nicht, seine Haltung geschäftsmäßig und selbstbewusst. Er trat, beflissen vorgebeugt, zur Seite und wartete, bis die Herren ihre Drinks ausgetrunken hatten und Fiona durch die Doppeltür in den Speisesaal folgten. Der Tisch, an dem ohne weiteres dreißig Gäste Platz gefunden hätten, war an einem einsamen Ende für fünf gedeckt. An den getäfelten Wänden des Zimmers prangten, gleichmäßig verteilt, leuchtend orangerote Flamingos, mit Schablone aufs Holz gemalt. Man befand sich jetzt auf der Nordseite des Hauses, gegen die der Wind anstürmte, die drei Schiebefenster zitterten und klapperten. Die Luft war kalt und feucht. Im Kamin stand ein staubiger Strauß vertrockneter Blumen. Der Butler erklärte, der Schornstein sei vor vielen Jahren zugemauert worden, er werde gleich einen elektrischen Heizlüfter bringen. Sie diskutierten die Sitzordnung und kamen nach einigem höflichen Hin und Her überein, dass Fiona aus Gründen der Symmetrie am Kopfende Platz nehmen sollte.

Bis dahin hatte sie kaum ein Wort gesprochen. Der bleiche Butler schenkte Weißwein ein. Zwei Kellner servierten Räucherfisch-Pâté und dünne Toastscheiben. Zu ihrer Linken saß Charlie, der Küstenschutzexperte, um die fünfzig, korpulent, ein sympathischer Glatzkopf. Während die drei anderen über Geschworene weiterredeten, erkundigte er sich höflich nach ihrer Arbeit. Sie fügte sich in den unvermeidlichen Smalltalk und skizzierte in groben Zügen ihre Tätigkeit am Familiengericht. Aber Charlie wollte Einzelheiten. Worum ging es bei den Verhandlungen morgen? Einen konkreten Fall zu erörtern brachte sie in Schwung. Das hiesige Jugendamt wollte zwei Kinder, einen zweijährigen Jungen und ein vierjähriges Mädchen, in Pflege geben. Die Mutter war Alkoholikerin und außerdem amphetaminsüchtig. Sie hatte psychotische Anfälle, bei denen sie sich von Glühbirnen ausspioniert fühlte. Sie war nicht mehr in der Lage, sich um die Kinder zu kümmern. Der von ihr getrennt lebende Vater war wieder aufgetaucht und wollte die Kinder zu sich und seiner Freundin nehmen. Er hatte ebenfalls Drogenprobleme, dazu diverse Vorstrafen, aber er hatte auch Rechte. Morgen würde eine Sozialarbeiterin sich zu seiner Eignung für die elterliche Sorge äußern. Die Großeltern mütterlicherseits liebten die Kinder, waren willens und fähig, sie bei sich aufzunehmen, hatten aber keine Rechte. Das Jugendamt, dessen Vorgehen in einem offiziellen Bericht gerügt worden war, sprach sich aus noch nicht nachvollziehbaren Gründen gegen die Großeltern aus. Die drei Parteien, Mutter, Vater und Großeltern, waren heillos zerstritten. Eine weitere Komplikation ergab sich aus widersprüchlichen Gutachten über die Vierjährige. Laut einem Kinderarzt war sie geistig behindert, laut einem anderen, den die Großeltern bestellt hatten, war ihr Entwicklungsstand normal, nur sei sie wegen des Verhaltens ihrer Mutter traumatisiert und aufgrund unregelmäßiger Mahlzeiten unterernährt.

Diese Woche stünden noch viele ähnliche Fälle auf dem Programm, sagte sie. Charlie legte eine Hand an die Stirn und schloss die Augen. Furchtbar! Wenn er morgen früh auch nur einen einzigen solchen Fall zu entscheiden hätte, würde er die ganze Nacht kein Auge zumachen, sich die Fingernägel abkauen und die Bar im Salon leer trinken. Sie fragte, was ihn nach Newcastle führe. Er war im Auftrag der Regierung hier, um einige Bauern an der Küste von der Teilnahme an einem Umweltschutzprogramm zu überzeugen. Dabei würde ihr Weideland mit Meerwasser geflutet, damit es sich wieder zu Salzwiesen entwickeln konnte. Dies sei die bei weitem beste und kostengünstigste Vorkehrung gegen Hochwasserkatastrophen, gut nicht nur für die Natur, insbesondere die Vögel, sondern auch für den Tourismus. Trotz der großzügigen Entschädigungen, die es dafür geben würde, sei der Widerstand der Bauern jedoch beträchtlich. Den ganzen Tag habe man ihn auf den Versammlungen niedergebrüllt. Gerüchte machten die Runde, die Pläne seien längst beschlossene Sache. Er könne das Gegenteil beteuern, so viel er wolle, niemand glaube ihm. Man sehe in ihm einen Vertreter der Zentralregierung, und die Bauern hätten ohnehin einen Rochus auf alles Mögliche, was gar nicht in seine Zuständigkeit falle. Hinterher sei er auf einem Korridor angegangen worden. Ein Mann, »halb so alt und doppelt so kräftig wie ich«, habe ihn am Revers gepackt und ihm in seinem Dialekt etwas zugeflüstert, das er nicht verstanden habe. Und wenn schon. Morgen werde er es noch einmal versuchen. Er werde das Ding schon schaukeln, da sei er sicher.

Nun, das höre sich für sie wie ein ganz eigener Kreis der Hölle an, da sei ihr eine psychotische Mutter jederzeit lieber. Sie kicherten noch, als ihnen bewusst wurde, dass die anderen drei verstummt waren und ihnen zuhörten.

Caradoc Ball – er und Charlie waren alte Schulfreunde – sagte: »Ich hoffe, dir ist klar, mit was für einer illustren Richterin du da sprichst. Du erinnerst dich bestimmt an die Sache mit den siamesischen Zwillingen.«

Alle erinnerten sich, und als die Teller abgeräumt waren, das Bœuf en croûte serviert und der Château Latour eingeschenkt, sprachen sie über diesen berühmten Fall und stellten ihr Fragen dazu. Sie erzählte ihnen alles, was sie wissen wollten. Jeder hatte eine Meinung, aber da sie alle dieselbe Meinung hatten, kamen sie bald auf das leidenschaftliche Medieninteresse und -gerangel um diese Geschichte zu sprechen. Von dort war es nur ein Schritt zu Klatsch und Tratsch über die jüngsten Auftritte vor dem Leveson-Untersuchungsausschuss. Auf das Rindfleisch folgte nun laut der Speisekarte ein Bread-and-Butter-Pudding. Bald, schätzte Fiona, würden sie darüber diskutieren, ob es Torheit oder Weisheit war, dass der Westen keine Truppen nach Syrien entsandte. Bei dem Thema gab es für Caradoc kein Halten. Und tatsächlich wollte er gerade davon anfangen, als auf dem Flur draußen Stimmen laut wurden. Pauling und der bleiche Butler kamen herein, blieben auf der Schwelle stehen und gingen dann auf Fiona zu.

Der Butler blickte Pauling tadelnd nach, als dieser mit einem entschuldigenden Nicken in die Runde zu Fiona trat und ihr ins Ohr flüsterte: »Mylady, verzeihen Sie die Störung, aber ich fürchte, die Sache duldet keinen Aufschub.«

Sie tupfte sich mit ihrer Serviette die Lippen ab und stand auf. »Entschuldigen Sie mich, meine Herren.«

Ausdruckslos erhoben sie sich, und Fiona ging Pauling und dem Butler voran zur Tür. Draußen raunte sie Letzterem zu: »Wir warten immer noch auf den Heizlüfter.«

»Ich bringe ihn sofort.«

Seine Haltung hatte etwas Süffisantes, als er davonschritt, und Fiona sah Pauling an und zog die Augenbrauen hoch.

Aber der sagte bloß: »Hier entlang.«

Sie folgte ihm durch die Eingangshalle in die einstige Bibliothek. Auf den Regalen standen nur noch Bücher, wie Hotels sie meterweise im Trödelladen kaufen, um den Räumen Atmosphäre zu verleihen.

»Es ist dieser Junge von den Zeugen Jehovas«, erklärte Pauling. »Adam Henry. Sie erinnern sich, der Transfusionsfall? Offenbar ist er Ihnen hierher gefolgt. Er ist zu Fuß durch den Regen marschiert und völlig durchnässt. Man wollte ihn wegschicken, aber ich fand, das sollten Sie selbst entscheiden.«

»Wo ist er jetzt?«

»In der Küche. Dort ist es wärmer.«

»Holen Sie ihn lieber her.«

Kaum war Pauling verschwunden, stand sie auf und ging langsam im Zimmer umher, sie spürte ihr Herz klopfen. Hätte sie seine Briefe beantwortet, wäre ihr das hier erspart geblieben. Was genau? Die unnötige Verstrickung in einen

Fall, der längst abgeschlossen war. Und mehr als das. Aber zum Nachdenken blieb keine Zeit. Schon hörte sie Schritte.

Die Tür schwang auf, und Pauling führte den Jungen herein. Sie hatte ihn nur bettlägerig gesehen und war erstaunt, wie groß er war, fast einsneunzig. Er trug seine Schuluniform: graue Flanellhose, grauer Pullover, weißes Hemd, dazu einen leichten Blazer. Alles triefnass, sein Haar vom Trocknen zerstrubbelt. Ein kleiner Rucksack hing ihm von der Hand. Dazu noch das fürsorglich um seine Schultern drapierte Geschirrtuch des Hauses, bedruckt mit allerlei örtlichen Sehenswürdigkeiten – ein Bild des Jammers.

Der Sekretär wartete in der Tür, während der Junge ein paar Schritte ins Zimmer hinein machte, dicht vor Fiona stehen blieb und sagte: »Es tut mir wirklich leid.«

Sie verbarg die Verwirrung dieser ersten Augenblicke hinter einem mütterlichen Tonfall. »Dir ist bestimmt kalt. Wir sollten diesen Heizlüfter lieber hierher bringen lassen.«

»Ich gehe ihn holen«, sagte Pauling und entschwand.

»Nun«, fragte sie nach einer Weile. »Wie um Himmels willen hast du mich hier gefunden?«

Auch dies eine Ausflucht. *Wie* zu fragen, nicht *warum*. Aber fürs Erste, solange sie den Schreck über sein Auftauchen nicht verwunden hatte, wollte sie noch gar nicht wissen, was er von ihr wollte.

Er trug seinen Text sachlich vor. »Ich bin Ihnen mit dem Taxi nach King's Cross gefolgt und in Ihren Zug gestiegen. Ich hatte ja keine Ahnung, wo Sie aussteigen würden, deshalb musste ich mir eine Fahrkarte nach Edinburgh kaufen. In Newcastle bin ich Ihnen durch den Bahnhofsausgang gefolgt und Ihrem Wagen nachgelaufen, aber der war zu schnell, also hab ich auf gut Glück Leute nach dem Weg zum Gericht gefragt. Und als ich da ankam, hab ich Ihren Wagen gesehen.«

Sie ließ ihn nicht aus den Augen und staunte über die Veränderung. Nicht mehr hager, aber immer noch schlank. In Schultern und Armen neue Kraft. Dasselbe schmale, zierliche Gesicht, doch das braune Muttermal auf der Wange sah man fast nicht mehr, so braun und jugendlich gesund war sein Teint. Nur noch leichte Schatten unter den Augen. Die Lippen voll und feucht, die Augen in diesem Licht schwarz, ohne jede Farbe. Er gab sich zerknirscht, wirkte dabei aber allzu lebhaft, allzu gebannt von den Einzelheiten seiner Erklärung. Als er den Blick von ihr abwandte, um sich an die genaue Reihenfolge der Ereignisse zu erinnern, fragte sie sich, ob es dies war, was ihre Mutter als altmodisches Gesicht bezeichnet hätte. Wenn das überhaupt etwas hieß. So stellte man sich gemeinhin das Gesicht eines romantischen Dichters vor, eines Verwandten von Keats oder Shelley.

»Ich habe sehr lange gewartet, bis Sie herauskamen, und bin Ihnen dann hinterhergelaufen, durch die Stadt und wieder zurück zum Fluss, dort sind Sie in das Auto eingestiegen. Ich hab über eine Stunde gebraucht, aber schließlich hab ich mit Hilfe meines Handys rausgefunden, wo hier die Richter untergebracht werden. Dann bin ich getrampt, hab mich an der Hauptstraße absetzen lassen, ich wollte nicht am Pförtnerhaus vorbei, also bin ich über die Mauer geklettert und dann im Regen der Einfahrt gefolgt. Dann habe ich hinten bei den alten Ställen ewig gewartet und nicht gewusst, was ich tun soll, und dann hat mich jemand gesehen. Tut mir wirklich leid. Ich...«

Pauling, mit rotem Kopf und sichtlich gereizt, kam mit dem Heizlüfter herein. Vielleicht hatte er ihn dem Butler aus den Händen reißen müssen. Sie sahen zu, wie der Sekretär sich ächzend auf alle viere niederließ und halb unter einem Beistelltisch verschwand, um an eine Steckdose zu gelangen. Nachdem er sich herausgewunden hatte, fasste er den jungen Mann bei den Schultern und schob ihn in den warmen Luftstrom. Ehe er ging, sagte er zu Fiona: »Ich warte draußen.«

Als sie allein waren, fragte sie: »Muss es mir nicht ein wenig unheimlich vorkommen, dass du mir erst nach Hause und dann auch noch hierher folgst?«

»O nein! Bitte denken Sie nicht so etwas. So ist das nicht.« Er sah sich ungehalten um, als stünde irgendwo an den Wänden eine Erklärung geschrieben. »Verstehen Sie, Sie haben mir das Leben gerettet. Und nicht nur das. Mein Dad hat versucht, es zu verhindern, aber ich habe Ihr Urteil gelesen. Da schreiben Sie, dass Sie mich vor meiner Religion schützen wollen. Nun, das haben Sie getan. Ich bin gerettet!«

Er lachte über seinen Scherz, und sie sagte: »Ich habe dich nicht gerettet, damit du mir durchs ganze Land nachlaufen kannst.«

Just in diesem Augenblick musste irgendein festes Teilchen im Inneren des Heizlüfters in die Bahn des Ventilators geraten sein, denn ein regelmäßiges Klackern erfüllte den Raum. Es schwoll an, wieder ab, und surrte dann gleichbleibend weiter. Fiona spürte Ärger über diese ganze Bruchbude in sich aufsteigen. Alles nur Fassade. Nichts funktionierte. Wieso war ihr das noch nie aufgefallen?

Schließlich fragte sie: »Wissen deine Eltern, wo du bist?«

»Ich bin achtzehn. Ich kann sein, wo ich will.«

»Es ist mir egal, wie alt du bist. Sie werden sich Sorgen machen.«

Er stöhnte teenagerhaft entnervt und stellte seinen Rucksack auf den Boden. »Hören Sie, Mylady...«

»Schluss damit. Fiona bitte.« Sie verwies ihn besser gleich in seine Schranken, so war ihr wohler.

»Das sollte nicht sarkastisch sein oder so etwas.«

»Gut. Also, was ist mit deinen Eltern?«

»Gestern hatte ich einen Riesenstreit mit meinem Dad. Davon gab es schon ein paar, seit ich aus dem Krankenhaus bin, aber diesmal war es wirklich schlimm, wir haben uns angebrüllt, und ich hab ihm an den Kopf geworfen, was ich von seiner blöden Religion halte. Nicht dass er zugehört hätte. Dann hab ich ihn stehenlassen. Bin in mein Zimmer, hab meine Sachen gepackt, mein erspartes Geld eingesteckt und mich von meiner Mum verabschiedet. Dann bin ich gegangen.«

»Du solltest sie jetzt anrufen.«

»Nicht nötig. Ich hab ihr gestern Abend eine SMS geschickt.«

»Schick ihr noch eine.«

Er sah sie an, verblüfft und enttäuscht.

»Tu es. Sag ihr, du bist in Newcastle, es geht dir gut, du schreibst ihr morgen wieder. Dann können wir reden.«

Sie trat ein wenig zur Seite und beobachtete den Tanz seiner langen Daumen auf der virtuellen Tastatur. Sekunden später schob er das Handy in die Hosentasche.

»Erledigt«, sagte er und sah sie erwartungsvoll an, als sei sie es, die Rede und Antwort zu stehen habe.

Sie verschränkte die Arme. »Adam, warum bist du hier?«

Er senkte den Blick, zögerte. Er würde es ihr nicht sagen, jedenfalls nicht gleich.

»Schauen Sie, ich bin jetzt ein anderer Mensch. Als Sie mich besucht haben, war ich wirklich bereit zu sterben. Dass jemand wie Sie sich überhaupt mit mir befasst hat... Was war ich für ein Idiot!«

Sie wies auf zwei Stühle an einem ovalen Walnusstisch, und sie nahmen einander gegenüber Platz. Der Leuchter, ein auf alt getrimmtes rustikales Holzrad, bestückt mit vier Energiesparlampen, warf von der Seite ein geisterhaft weißes Licht herab, das die Konturen seiner Wangen und Lippen betonte und die zwei feinen senkrechten Linien zwischen Mund und Nase hervorhob. Ein schönes Gesicht.

»Ich habe dich nicht für einen Idioten gehalten.«

»Aber ich war einer. Wenn die Ärzte und Schwestern mich zu bequatschen versuchten und ich ihnen sagte, sie sollten mich in Ruhe lassen, kam ich mir immer ganz großartig und heldenhaft vor. Ich war rein und gut. Es gefiel mir, dass sie meine tiefschürfenden Gedanken nicht verstehen konnten. Ich war richtig abgehoben. Meine Eltern und die Ältesten waren so stolz auf mich, das fand ich toll. Nachts, wenn keiner da war, hab ich mein Abschiedsvideo geprobt, wie so ein Selbstmordattentäter. Das wollte ich mit meinem Handy aufnehmen. Es sollte in den Fernsehnachrichten und bei meiner Beerdigung gezeigt werden. Ich hab mich selbst zu Tränen gerührt und mir im Dunkeln vorgestellt, wie mein Sarg an meinen Eltern, meinen Schulfreunden und Lehrern, an der ganzen Gemeinde vorbeigetragen wird, die Blumen, die Kränze, die traurige Musik, alle Leute in Tränen aufgelöst, alle stolz auf mich und voller Bewunderung. Ehrlich, ich war ein Idiot.«

»Und wo war Gott?«

»Der lag allem zugrunde. Schließlich waren es seine Gebote, die ich befolgte. Aber in erster Linie ging es mir um das aufregende Abenteuer und dass ich einen schönen Tod haben und von allen bewundert werden würde. Vor drei Jahren hatte ein Mädchen bei mir auf der Schule Magersucht, da war sie fünfzehn. Sie träumte davon, zu nichts zu werden – ein vertrocknetes Blatt im Wind, hat sie gesagt. Einfach sanft in den Tod zu gleiten. Und alle würden sie bemitleiden und sich später Vorwürfe machen, weil sie sie nicht verstanden hatten. So ungefähr war es bei mir auch.«

Jetzt, wo er saß, sah sie ihn wieder im Krankenhaus vor sich, inmitten seiner Teenager-Unordnung in die Kissen zurückgelehnt. Aber nicht an seine Gebrechlichkeit damals musste sie denken, sondern an seinen Eifer, seine verletzliche Unschuld. Selbst das Wort Magersucht klang aus seinem Mund verheißungsvoll. Er hatte einen schmalen grünen Stoffstreifen aus seiner Tasche gezogen, ein abgerissenes Stück aus dem Futter vielleicht, das er zwischen Daumen und Zeigefinger rieb wie Gebetsperlen.

»Es ging also gar nicht so sehr um deine Religion. Eher um deine Gefühle.«

Er hob beide Hände. »Meine Gefühle kamen doch aus meiner Religion. Ich habe Gottes Willen erfüllt, und Sie und alle anderen hatten schlicht und einfach unrecht. Wie hätte ich denn in einen solchen Schlamassel geraten können, wenn ich nicht Zeuge Jehovas gewesen wäre?«

»Hört sich an, als ob deine magersüchtige Freundin es auch so geschafft hat.«

»Na ja, Magersucht ist ja auch eine Art Religion.«

Unter ihrem skeptischen Blick begann er zu improvisieren. »Na, Sie wissen schon, leiden wollen, Schmerzen und Opfer lieben – du bildest dir ein, dass alle dich beobachten und mit dir fühlen und dass das ganze Universum sich nur um dich dreht. Und um dein Gewicht!«

Der grimmige selbstironische Nachsatz brachte sie zum Lachen. Er wiederum grinste über diesen unerwarteten Erfolg.

Sie hörten Stimmen und Schritte im Flur, die Gäste wechselten zum Kaffee in den Salon. Dröhnendes Gelächter direkt vor der Tür der Bibliothek. Die Aussicht auf eine Störung ließ den Jungen zusammenzucken, und beide verfielen in konspiratives Schweigen und warteten, dass die Geräusche sich verzogen. Adam starrte seine gefalteten Hände auf der polierten Tischfläche an. Sie dachte an all die Stunden seiner Kindheit und Jugend, die er mit Gebeten, Kirchenliedern, Predigten verbracht hatte, an all die Einschränkungen, von denen sie noch nicht einmal etwas ahnte, an die eng verschworene und liebevolle Gemeinde, die ihn erst getragen und dann beinahe umgebracht hatte.

»Adam, ich frage dich noch einmal. Warum bist du hier?«

»Um Ihnen zu danken.«

»Da gibt es einfachere Möglichkeiten.«

Er seufzte unwillig und schob den Stoffstreifen in die Tasche zurück. Einen Augenblick meinte sie, er schicke sich zum Gehen an.

»Ihr Besuch war so ziemlich das Beste, was mir je passiert

ist.« Dann hastig: »Die Religion meiner Eltern war ein Gift, und Sie waren das Gegengift.«

»Ich habe, wenn ich mich recht entsinne, nichts gegen den Glauben deiner Eltern gesagt.«

»Nein. Sie waren einfach ruhig, Sie haben zugehört, Sie haben Fragen gestellt, Sie haben einige Bemerkungen gemacht. Und genau das war es. Sie haben so was an sich, ein gewisses Etwas. Sie haben mir etwas beigebracht. Ohne es auszusprechen. Eine bestimmte Art zu denken, sich auszudrücken. Wenn Sie nicht wissen, was ich meine, hören Sie sich mal die Ältesten an. Und als wir unser Lied gespielt haben...«

Sie unterbrach ihn energisch: »Spielst du noch Geige?«

Er nickte.

»Und schreibst du Gedichte?«

»Ja, jede Menge. Doch ich kann das Zeug nicht mehr sehen, das ich früher geschrieben habe.«

»Aber du bist gut. Ich bin sicher, eines Tages schreibst du etwas Wunderbares.«

Sie sah die Bestürzung in seinen Augen. Weil sie von ihm abrückte, die besorgte Tante spielte. Sie ging in Gedanken die letzten Etappen des Gesprächs noch einmal durch und fragte sich, warum ihr so viel daran lag, ihn nicht zu enttäuschen.

»Aber deine Lehrer müssen doch ganz anders sein als die Ältesten.«

Er zuckte die Achseln. »Keine Ahnung.« Dann setzte er hinzu: »Das ist eine riesige Schule.«

»Und was ist dieses gewisse Etwas, das ich angeblich habe?«, fragte sie ernst, ohne sich die leiseste Spur von Ironie zu gestatten.

Die Frage brachte ihn nicht in Verlegenheit. »Als ich meine Eltern weinen sah, richtig weinen, weinen und irgendwie jubeln vor Freude, brach für mich alles zusammen. Aber genau das ist es. Es brach zusammen, und zum Vorschein kam die Wahrheit. Natürlich wollten sie nicht, dass ich sterbe! Sie lieben mich. Warum haben sie das denn nicht gesagt, statt dauernd von den Freuden des Himmels zu faseln? Auf einmal habe ich das als etwas Normales, Menschliches erkannt. Normal und gut. Es ging überhaupt nicht um Gott. Das war bloß dummes Zeug. Als ob ein Erwachsener in ein Zimmer voller Kinder kommt, die sich alle gegenseitig unglücklich machen, und sagt: Schluss mit diesem Unsinn, jetzt gibt's Tee! Dieser Erwachsene waren Sie. Sie wussten von Anfang an Bescheid, haben aber nichts gesagt. Sie haben bloß Fragen gestellt und zugehört. Das ganze Leben und die ganze Liebe, die noch vor ihm liegen – das haben Sie geschrieben. Das war das ›gewisse Etwas‹. Und meine Offenbarung. Mit dem *Weidengarten* hat es angefangen.«

Immer noch ernst, sagte sie: »Dir zerspringt der Schädel.«

Er lachte, begeistert, dass sie nun ihn zitierte. »Fiona, ich kann dieses Stück von Bach jetzt fast fehlerfrei. Und die Titelmusik von *Coronation Street*. Ich habe Berrymans *Dream Songs* gelesen. Ich werde in einem Theaterstück mitspielen, und vor Weihnachten sind auch noch alle Klausuren. Und dank Ihnen habe ich Yeats kennengelernt!«

»Ja«, sagte sie ruhig.

Er lehnte sich vor, auf die Ellbogen gestützt, seine dunklen Augen glühten in dem scheußlichen Licht, sein ganzes Gesicht schien vor Vorfreude zu zittern, vor überschäumendem Tatendrang.

Sie überlegte kurz und flüsterte dann: »Warte hier.«

Sie erhob sich, blieb zögernd stehen und hätte sich fast wieder hingesetzt. Aber dann drehte sie sich um und ging aus dem Zimmer. Pauling stand nicht weit von der Tür im Flur und heuchelte Interesse für das Gästebuch, das dort auf einem Marmortisch lag. Sie gab ihm mit gedämpfter Stimme ein paar Anweisungen, kehrte in die Bibliothek zurück und schloss die Tür hinter sich.

Adam hatte das Geschirrtuch von der Schulter genommen und war in die Betrachtung der örtlichen Sehenswürdigkeiten vertieft. Als sie wieder Platz nahm, sagte er: »Von all diesen Orten habe ich noch nie gehört.«

»Es gibt viel zu entdecken.«

Sie wartete, bis die Unruhe nach der Unterbrechung sich gelegt hatte, und sagte: »Du hast also deinen Glauben verloren.«

Er schien sich zu winden. »Ja, kann sein. Ich weiß nicht. Vielleicht macht es mir Angst, das laut auszusprechen. Ich weiß nicht, wo ich jetzt stehe. Es ist doch so, sobald man nur einen Schritt von den Zeugen abrückt, kann man den Weg auch gleich zu Ende gehen. Warum sollte man eine Zahnfee durch eine andere ersetzen?«

»Vielleicht brauchen wir alle eine Zahnfee.«

Er lächelte nachsichtig. »Ich glaube nicht, dass Sie das ernst meinen.«

Sie erlag ihrer Gewohnheit, anderer Leute Ansichten zusammenzufassen. »Du hast deine Eltern weinen sehen, und du bist durcheinander, weil du den Verdacht hast, dass ihre Liebe zu dir größer ist als ihr Glaube an Gott oder an das Leben nach dem Tod. Du hast das Bedürfnis, dich von all dem zu lösen. Vollkommen natürlich in deinem Alter. Vielleicht gehst du bald zur Universität. Das wird helfen. Aber ich verstehe immer noch nicht, warum du hier bist. Oder genauer gesagt, was du jetzt vorhast. Wo willst du hin?«

Von den beiden Fragen beunruhigte ihn die zweite mehr. »Ich habe eine Tante in Birmingham. Die Schwester meiner Mutter. Die wird mich für ein oder zwei Wochen aufnehmen.«

»Sie erwartet dich?«

»Sozusagen.«

Sie wollte ihn schon auffordern, noch eine SMS abzuschicken, als er plötzlich über den Tisch hinweg die Hand nach ihr ausstreckte. Genauso schnell zog sie die ihre zurück.

Er ertrug es nicht, sie anzusehen oder von ihr angesehen zu werden, hob die Hand vor die Stirn, bedeckte seine Augen und sagte: »Hier ist meine Frage. Sie werden sie für reichlich dumm halten. Aber sagen Sie bitte nicht gleich nein. Sagen Sie bitte, Sie werden darüber nachdenken.«

»Nun?«

Er sprach die Tischplatte an. »Ich möchte bei Ihnen wohnen.«

Sie wartete, ob noch mehr kam. Mit einem solchen Ansinnen hätte sie nie gerechnet. Aber eigentlich lag es auf der Hand.

Er konnte ihr immer noch nicht in die Augen sehen. Er sprach hastig, als sei ihm seine eigene Stimme peinlich. Er hatte sich alles überlegt. »Ich könnte Ihnen im Haushalt helfen, einkaufen gehen und so was. Und Sie könnten mir Bücherlisten geben mit allem, was ich lesen sollte…«

Er war ihr durchs ganze Land gefolgt, war durch die Straßen, durch ein Gewitter marschiert, um ihr das zu sagen. Es war die logische Fortsetzung seines Wunschtraums von einer Schiffsreise mit ihr, wo sie den ganzen Tag auf dem sanft schaukelnden Deck auf und ab gingen und diskutierten. So logisch wie irrsinnig. Und naiv. Das Schweigen umhüllte und umschloss sie. Sogar das Klappern des Heizlüfters schien in den Hintergrund zu treten, von draußen drang kein Ton herein. Er schirmte noch immer sein Gesicht ab. Sie starrte auf die Wirbel seines gesunden dunkelbraunen Haars, das jetzt trocken war und glänzte.

Leise sagte sie: »Du weißt, das ist nicht möglich.«

»Ich würde Ihnen nicht zur Last fallen, also Ihnen und Ihrem Mann.« Endlich ließ er die Hände sinken und sah sie an. »Ich wär nur so 'ne Art Untermieter. Wenn ich mit der Schule fertig bin, kann ich mir einen Job suchen und Ihnen Miete zahlen.«

Sie dachte an das Gästezimmer und die zwei Einzelbetten darin, die Teddybären und anderen Tiere in dem Korb, das Schränkchen, mit Spielzeug so vollgestopft, dass die eine Tür nicht mehr zuging. Sie räusperte sich und stand auf, ging zum Fenster und tat so, als blicke sie in die Dunkelheit hinaus. Schließlich sagte sie, ohne sich umzudrehen: »Wir haben nur ein Gästezimmer und eine Menge Neffen und Nichten.«

»Soll das heißen, das ist Ihr einziger Einwand?«

Es klopfte an die Tür, Pauling trat ein. »In zwei Minuten, Mylady«, sagte er und ging.

Sie löste sich vom Fenster, kehrte zu Adam zurück und bückte sich, um seinen Rucksack vom Boden aufzuheben.

»Mein Sekretär wird mit dir im Taxi mitfahren, erst zum

Bahnhof, wo er dir eine Fahrkarte für den Zug morgen früh nach Birmingham kaufen wird, und dann zu einem Hotel in der Nähe.«

Nach einer Weile stand er zögernd auf und nahm ihr den Rucksack ab. Trotz seiner Größe sah er aus wie ein kleines verschrecktes Kind.

»Das war's also?«

»Versprich mir, dass du dich noch einmal bei deiner Mutter meldest, bevor du in den Zug steigst. Sag ihr, wo du hinfährst.«

Er antwortete nicht. Sie schob ihn zur Tür und auf den Flur hinaus. Niemand in Sicht. Caradoc Ball und seine Gäste saßen hinter verschlossenen Türen im Salon. Sie hieß Adam vor der Bibliothek auf sie warten und ging hoch in ihr Zimmer, um Geld aus ihrer Handtasche zu holen. Als sie die große Treppe wieder hinunterkam, konnte sie von oben aus die ganze Szene überblicken. Die Haustür stand offen, der Butler sprach mit dem Fahrer. Hinter ihm, draußen vor den Eingangsstufen, stand das Taxi, aus dessen offener Tür die munteren Klänge arabischer Orchestermusik drangen. Ihr Sekretär durchquerte eilig die Eingangshalle, vermutlich um Scherereien mit dem Butler zu verhindern. Adam Henry, den Rucksack an die Brust gedrückt, wartete noch vor der Bibliothek. Als sie wieder bei ihm war, standen der Butler, der Fahrer und der Sekretär draußen am Auto und konferierten, so hoffte sie, über ein geeignetes Hotel.

»Aber wir haben noch gar nicht...«, begann der Junge – sie brachte ihn mit einer Handbewegung zum Schweigen.

»Du musst jetzt gehen.«

Sie fasste ihn sanft am Revers seiner dünnen Jacke und zog

ihn zu sich heran. Eigentlich wollte sie ihm einen Kuss auf die Wange drücken, aber als sie sich reckte und er sich ein wenig hinunterbeugte, ihr Gesicht dicht vor seinem, drehte er den Kopf, und ihre Lippen trafen sich. Sie hätte zurückweichen können, sie hätte auf der Stelle von ihm abrücken können. Stattdessen blieb sie, wo sie war, dem Augenblick schutzlos preisgegeben. Das Gefühl von Haut auf Haut ließ nicht mehr die geringste Wahl zu. Wenn es möglich war, jemanden keusch auf die Lippen zu küssen, dann tat sie jetzt genau dies. Eine flüchtige Berührung, aber mehr als nur ein Hauch, mehr als der Kuss, den eine Mutter ihrem erwachsenen Sohn geben würde. Zwei Sekunden, drei vielleicht. Zeit genug, in der weichen Geschmeidigkeit seiner Lippen all die Jahre zu spüren, all das Leben, das zwischen ihnen lag. Als sie sich lösten, blieben ihre Lippen ganz leicht aneinander haften, so dass sie beinahe wieder zueinandergezogen wurden. Doch auf dem Kies draußen und den Stufen näherten sich Schritte. Sie ließ ihn los und wiederholte: »Du musst jetzt gehen.«

Er hob seinen Rucksack wieder vom Boden auf und folgte ihr durch die Eingangshalle hinaus in die frische Abendluft. Der Fahrer wartete am Fuß der Treppe und öffnete mit freundlichem Gruß den Wagenschlag. Die Musik war aus. Sie hatte vorgehabt, das Geld Adam in die Hand zu drücken, aber in einem plötzlichen Sinneswandel steckte sie es jetzt Pauling zu. Der nickte, zog eine Grimasse und nahm das dünne Bündel Scheine entgegen. Adam schien sie mit einer barschen Schulterbewegung alle abschütteln zu wollen, er drückte sich in den Fond des Wagens, nahm den Rucksack auf den Schoß und sah stur geradeaus. Schon begann sie zu bereuen, was sie in Gang gesetzt hatte, sie machte ein paar Schritte um das Taxi herum, um einen letzten Blick mit ihm auszutauschen. Er musste sie bemerkt haben, wandte aber den Kopf ab. Pauling stieg vorne neben dem Fahrer ein. Der Butler schlug Adams Tür mit einer abfällig lässigen Geste zu. Das Taxi fuhr los, und Fiona, die Schultern hochgezogen, eilte die rissigen Stufen hinauf und ins Haus.

5

Nach einer Woche in Newcastle reiste sie weiter. Sie hatte Urteile gefällt oder in Erwartung weiterer Gutachten aufgeschoben, manche Parteien befriedigt zurückgelassen, andere frustriert, wobei einigen der schwache Trost blieb, dass sie noch Berufung einlegen konnten. In dem Verfahren, von dem sie Charlie beim Essen erzählt hatte, sprach sie das Sorgerecht den Großeltern zu; einmal wöchentlich sollten die Mutter und der Vater, jeweils einzeln und unter Aufsicht, die Kinder sehen, eine Regelung, die nach einem halben Jahr zu überprüfen wäre. Dann würde, wer auch immer an Fionas Stelle saß, Zwischenberichte zum Befinden der Kinder vorliegen haben, zu den Fortschritten der Eltern, die sich einer Suchtbehandlung unterziehen wollten, und zum Geisteszustand der Mutter. Die kleine Tochter würde auf ihrer Schule bleiben, einer Grundschule der Kirche von England, wo sie gut integriert war. Fiona fand das Vorgehen des örtlichen Jugendamts in diesem Fall beispielhaft.

Am späten Freitagnachmittag verabschiedete sie sich von den Gerichtsbeamten. Am Samstagmorgen verstaute Pauling in Leadman Hall die Kartons mit den Dokumenten und die Bügel mit ihren Roben im Kofferraum des Wagens. Nachdem sie ihr persönliches Gepäck auf den Rücksitz gelegt und vorne Platz genommen hatte, brachen sie in Richtung Carlisle auf, den Tyne flussaufwärts quer durch ganz England, die Cheviot Hills zur Rechten, die Pennines zur Linken. Aber das grandiose Schauspiel von Geologie und Geschichte ging unter im Lärm und Einerlei des Verkehrs und der Straßen, die inzwischen in ganz Großbritannien gleich aussahen.

In Hexham kamen sie nur noch im Schritttempo voran. Das Handy lag müßig in ihrer Hand, während sie, wie so häufig in dieser Woche, an den Kuss dachte. Was für eine unbesonnene Torheit, dass sie nicht sogleich zurückgewichen war. Beruflicher und gesellschaftlicher Wahnsinn. In der Erinnerung dehnte sich die Berührung, Mund an Mund, immer mehr in die Länge. Sie versuchte den Vorfall dann jedes Mal auf ein harmloses flüchtiges Küsschen zu reduzieren. Aber das Küsschen schwoll bald wieder an, bis sie nicht mehr wusste, was es war oder was geschehen war oder wie lange sie eigentlich Schimpf und Schande riskiert hatte. Caradoc Ball hätte jederzeit in der Eingangshalle auftauchen können. Schlimmer noch, einer seiner Gäste hätte sie beobachten und – anders als ihr Kollege nicht an Stammestreue gebunden – aller Welt davon erzählen können. Pauling hätte sich während seines Gesprächs mit dem Taxifahrer nur einmal kurz umzudrehen brauchen, um sie zu ertappen. Und die mit Bedacht aufgebaute Distanz, die ihre Zusammenarbeit möglich machte, wäre zerstört gewesen.

Sie neigte sonst nicht zu Unbesonnenheit und begriff nicht, was sie da geritten hatte. Ihr Gefühlswirrwarr enthielt einige Elemente, denen sie sich noch würde stellen müssen, das war ihr klar, aber fürs Erste steckte ihr das Entsetzen über die möglichen Folgen in den Knochen. Ihr aberwitziger, beschämender Verstoß gegen das Berufsethos. Die Schande, die um ein Haar über sie hereingebrochen wäre. Kaum zu glauben, dass niemand sie gesehen hatte, dass sie sich nun unbeschadet vom Tatort entfernte. Viel wahrscheinlicher, dass die Wahrheit, hart und dunkel wie ein bitteres Samenkorn, demnächst ans Licht kommen würde: dass sie, ohne es zu merken, beobachtet worden war. Dass man im weit entfernten London bereits über die Sache sprach. Dass sie schon bald den Anruf eines ranghöheren Kollegen erhalten würde, der ihr peinlich berührt sagte: *Also, Fiona, hören Sie, tut mir schrecklich leid, aber ich fürchte, ich muss Sie warnen, da braut sich was zusammen.* Und dann zu Hause in Gray's Inn schon ein offizielles Schreiben der gerichtlichen Beschwerdestelle.

Sie drückte die zwei Tasten der Kurzwahlnummer ihres Mannes. Auf der Flucht vor einem Kuss suchte sie ängstlich Deckung hinter der soliden Fassade einer respektablen, verheirateten Frau. Sie rief ihn an, ohne zu überlegen, aus Gewohnheit, ohne an den Stand der Dinge zwischen ihnen zu denken. Als sie Jacks vorsichtiges Hallo vernahm, erkannte sie an der Akustik, dass er sich in der Küche befand. Musik aus dem Radio, Poulenc vielleicht. Samstagmorgens frühstückten sie – früher jedenfalls – gern gemütlich, wenn auch recht zeitig, mit diversen Tageszeitungen, Radio Three leise im Hintergrund, Kaffee, warmem *pain aux raisins* aus der Lamb's Conduit Street. Wahrscheinlich hatte er seinen seidenen Morgenmantel an, den mit dem Paisleymuster. Unrasiert, ungekämmt.

Betont sachlich fragte er, wie es ihr gehe. Als sie »gut« sagte, staunte sie, wie normal sie klang. Sie improvisierte einigermaßen überzeugend drauflos, während Pauling sich gerade mit zufriedenem Stöhnen einer Abkürzung entsann und aus dem Verkehrsstrom ausscherte. Durchaus plausibel, dass sie Jack als vorausschauende Hausfrau noch einmal an das genaue Datum ihrer Rückkehr Ende des Monats erinnern wollte, und ganz natürlich ihr Vorschlag – er wäre es früher jedenfalls gewesen –, dass sie an dem Abend zusammen essen gehen sollten. Ein Restaurant in der Nähe, das sie beide mochten, war oft lange im Voraus ausgebucht. Vielleicht könne er jetzt schon einen Tisch reservieren? Er hielt das für eine gute Idee. Ihr entging nicht, wie er die Überraschung in seiner Stimme unterdrückte und genau die Mitte zwischen Wärme und Reserviertheit hielt. Er fragte noch einmal, ob alles in Ordnung sei. Er kannte sie zu gut, offenbar klang sie doch nicht so normal. Alles bestens, sagte sie möglichst leichthin. Sie wechselten ein paar Sätze über die Arbeit. Das Gespräch endete mit seinem behutsamen »Bis bald«, das sich fast wie eine Frage anhörte.

Aber es hatte funktioniert. Sie hatte sich aus ihren paranoiden Grübeleien gerissen, sie war zurück in der Wirklichkeit, sie hatte eine Verabredung, ein Rendezvous mit ihrem Mann, sie arbeitete an ihrer Beziehung. Sie fühlte sich nun wieder geschützt, und überdies deutlich vernünftiger. Wäre eine Beschwerde gegen sie eingegangen, hätte sie längst davon erfahren. Es war gut, dass sie angerufen und an jenen undefinierbaren Moment beim Frühstück angeknüpft hatte. Sie musste es sich immer wieder sagen: Die Welt war nie so, wie ihre besorgte Phantasie sie sich ausmalte. Als der Wagen eine Stunde später auf der verstopften A 69 durch die Außenbezirke von Carlisle kroch, war sie in Prozessakten vertieft.

Und zwei Wochen später, nachdem sie ihre ›Tournee‹ abgeschlossen und in vier weiteren Städten des Nordens Recht gesprochen hatte, saß sie an einem ruhigen Ecktisch in einem Restaurant in Clerkenwell ihrem Mann gegenüber. Eine Flasche Wein stand zwischen ihnen, aber sie tranken beide vorsichtig. Jetzt nur keine vorschnelle Intimität. Das Thema, das alles zunichtezumachen drohte, sparten sie aus. Er sprach mit einer feinfühligen Behutsamkeit zu ihr, als sei sie eine seltsame Bombe, die jederzeit mitten im Satz hochgehen konnte. Sie erkundigte sich nach seiner Arbeit, nach seinem Buch, einer Einführung zu Vergil mit angefügter Textauswahl – ein »internationales« Lehrbuch für Schulen und Universitäten, mit dem er, wie er rührend glaubte, groß rauskommen würde. Nervös stellte sie eine Frage nach der anderen und spürte selbst, dass sie sich anhörte wie eine Journalistin beim Interview. Sie wollte ihn so wahrnehmen, als sei es das erste Mal, das Fremde in ihm sehen, wie damals vor vielen Jahren, als sie sich in ihn verliebt hatte. Gar nicht so einfach. Seine Stimme, seine Züge waren ihr so vertraut wie ihre eigenen. Sein zerfurchtes Gesicht, das jetzt etwas gehetzt wirkte. Attraktiv, klar, aber nicht für sie in diesem Augenblick. Sie hoffte, seine Hände würden auf dem Tisch neben seinem Glas bleiben und nicht nach ihren greifen.

Gegen Ende des Essens, als die harmloseren Themen erschöpft waren, trat ein bedrohliches Schweigen ein. Sie hatten keinen Appetit, den Nachtisch und die Hälfte des Weins ließen sie stehen. Unausgesprochene gegenseitige Vorwürfe rumorten in ihnen. Noch hatte sie seine dreiste Eskapade nicht vergessen; so wenig wie er, nahm sie an, ihre übersteigerte Gekränktheit. Etwas gezwungen begann er von einem Geologievortrag zu erzählen, den er sich am Abend zuvor angehört hatte. Es war darum gegangen, dass man die Abfolge der Sedimente, der abgelagerten Gesteinsschichten, lesen konnte wie ein Buch über die Geschichte der Erde. Zum Schluss war der Dozent ins Spekulieren geraten. In hundert Millionen Jahren, wenn die Ozeane zum größten Teil im Erdmantel verschwunden wären, es in der Atmosphäre nicht mehr genug Kohlendioxid für pflanzliches Leben gäbe und die ganze Erde eine unbelebte Felswüste wäre – welche Spuren unserer Zivilisation würde ein außerirdischer Geologe in dieser fernen Zukunft noch finden? Kaum einen Meter unter der Oberfläche würde eine dunkle Ablagerung im Gestein von uns künden, anders als alles, was vorher da war. In dieser knapp zwanzig Zentimeter dicken rußigen Schicht wären all unsere Städte komprimiert, unsere Fahrzeuge, Straßen, Brücken, Waffen. Außerdem diverse chemische Zusammensetzungen, die in älteren geologischen Proben nicht vorkommen. Beton und Ziegelsteine wären verwittert und dahingeschwunden wie Kalk. Unser bester Stahl nur noch ein bröckliger eisenhaltiger Fleck. Eine eingehendere mikroskopische Untersuchung würde wohl auffällig viele Pollen nachweisen – wegen der monotonen Weidegebiete, die wir immer mehr ausgeweitet hätten, um eine gigantische Viehpopulation zu ernähren. Mit etwas Glück fände der Geologe vielleicht versteinerte Knochen, auch menschliche. Aber alle Wildtiere zusammengenommen, die Fische eingerechnet, würden nicht einmal ein Zehntel des Gewichts aller Schafe und Kühe ausmachen. Er könnte daraus nur den Schluss ziehen, dass es im Zuge eines Massensterbens zu einer Reduktion der Artenvielfalt gekommen sein müsse.

Jack hatte fünf Minuten lang geredet. Er erdrückte sie mit dem Gewicht dieser sinnlosen Zeiträume. Die unvorstellbare

Wüste der Jahre, das unausweichliche Ende, das alles schien ihn zu beleben. Sie nicht. Trostlosigkeit umfing sie. Lastete auf ihren Schultern, fuhr ihr in die Beine. Sie nahm ihre Serviette vom Schoß, legte sie kapitulierend auf den Tisch und stand auf.

Gerade sagte er, wie verwundert: »So schreiben wir uns ein ins Geschichtsbuch der Geologie.«

»Ich finde, wir sollten allmählich zahlen«, sagte sie und eilte durch das Restaurant zur Toilette. Dort stellte sie sich vor den Spiegel, die Augen geschlossen, den Kamm in der Hand für den Fall, dass jemand hereinkommen sollte, und atmete mehrmals tief ein und wieder aus.

Es herrschte Tauwetter, aber das Eis schmolz weder schnell noch stetig. Zunächst einmal war es eine Erleichterung: Sie gingen sich in der Wohnung nicht mehr befangen aus dem Weg und stellten auch ihren kühlen, beklemmenden Höflichkeitswettstreit ein. Sie aßen gemeinsam, nahmen Einladungen bei Freunden an, sprachen miteinander – meist über die Arbeit. Aber er schlief noch immer im Gästezimmer, und als einmal ein neunzehnjähriger Neffe bei ihnen übernachtete, zog er wieder auf die Couch im Wohnzimmer um.

Ende Oktober. Die Uhren wurden zurückgestellt, das erschöpfte Jahr lag in den letzten Zügen, Dunkelheit brach herein. Für ein paar Wochen kam es zwischen ihr und Jack zu einem Stillstand, der fast so bleiern war wie zuvor. Aber sie hatte viel zu tun und war abends zu müde für die anstrengenden Diskussionen, die sie beide vielleicht weitergebracht hätten. Neben der üblichen Arbeitsbelastung am Gericht hatte sie auch noch den Vorsitz einer Kommission zur neuen Prozessordnung übernommen und saß in einem weiteren Ausschuss, der sich mit einem Weißbuch zur Reform des Familienrechts befasste. Wenn sie nach dem Abendessen noch die Energie aufbrachte, übte sie am Klavier für ihre Proben mit Mark Berner. Auch Jack war beschäftigt, vertrat an der Universität einen kranken Kollegen und schrieb zu Hause an der langen Einführung zu seiner Vergil-Auswahl.

Der Anwalt, der die Weihnachtsfeier in der Great Hall organisierte, hatte sie und Berner gebeten, den Abend zu eröffnen. Ihr Auftritt sollte nicht mehr als zwanzig Minuten dauern, dazu maximal fünf Minuten für eine Zugabe. Zeit genug für einige Stücke aus Berlioz' *Les nuits d'été* und für eines von Mahler, eins der Rückert-Lieder, *Ich bin der Welt abhanden gekommen*. Nach ihnen war der Chor von Gray's Inn mit etwas Monteverdi und Bach dran, anschließend ein Haydn-Streichquartett. Unter den Gray's-Inn-Kollegen gab es eine gar nicht so kleine Minderheit, die viele Abende im Jahr nach Marylebone pilgerte und in der Wigmore Hall ernst und konzentriert Kammermusikkonzerten lauschte. Sie kannten das Repertoire. Es hieß, sie könnten einen falschen Ton hören, noch ehe er gespielt wurde. Vorher würde zwar Wein gereicht, und die allgemeine Atmosphäre war, zumindest nach außen hin, wohlwollend-nachsichtig, aber für eine Amateurveranstaltung waren die Ansprüche doch unbarmherzig hoch. Manchmal wachte Fiona vor Morgengrauen auf und fragte sich, ob sie der Sache dieses Mal überhaupt gewachsen war oder nicht lieber eine Ausrede finden und sich drücken sollte. Sie hatte Mühe, die rechte Konzentration zu finden, und das Mahler-Lied war schwierig. So schläfrig, schleppend und gelassen. Das würde sie bloßstellen. Und diese germanische Todessehnsucht widerstrebte ihr.

Aber Mark brannte auf seinen Auftritt. Vor zwei Jahren war seine Ehe zerbrochen. Jetzt war, Sherwood Runcie zufolge, wieder eine Frau in sein Leben getreten. Fiona vermutete, dass sie im Publikum sitzen würde und Mark sie unbedingt beeindrucken wollte. Er hatte Fiona sogar gebeten, die Stücke auswendig zu lernen, doch das, hatte sie ihm erklärt, ging über ihre Kräfte. Nur die drei oder vier kleinen Zugaben konnte sie ohne Noten spielen.

Ende Oktober entdeckte sie in der Morgenpost am Gericht einen vertrauten blauen Umschlag. Pauling war grade bei ihr. Um ihren Gefühlsaufruhr zu verbergen, ein Gemisch aus Aufregung und diffusen Ängsten, trat sie mit dem Brief ans Fenster und sah angelegentlich auf den Hof hinaus. Als Pauling gegangen war, zog sie aus dem Umschlag ein Blatt Papier hervor, zweimal gefaltet, unten abgerissen. Der Entwurf eines Gedichts. Der Titel war in Blockbuchstaben geschrieben und doppelt unterstrichen. DIE BALLADE VON ADAM HENRY. Die Schrift war klein, das Gedicht recht lang, es ging über die ganze Seite. Kein Begleitbrief. Sie überflog die erste Strophe, begriff nichts und legte das Blatt weg. In einer halben Stunde hatte sie einen schwierigen Fall zu verhandeln, ein Scheidungsverfahren mit einer Reihe komplizierter Forderungen und Gegenforderungen, das wohl zwei Wochen ihres Lebens beanspruchen würde. Beide Parteien hatten die Absicht, auf Kosten der jeweils anderen außerordentlich reich zu bleiben. Das war nicht die Zeit für Poesie.

Zwei Tage vergingen, ehe sie den Umschlag wieder aufmachte. Es war zehn Uhr abends. Jack war nicht zu Hause, er hörte sich einen weiteren Vortrag über Sedimentschichten an – das hatte er jedenfalls behauptet, und sie zog es vor, ihm zu glauben. Sie lag auf ihrer Couch, das abgerissene Blatt auf dem Schoß. Sah ihr ganz nach Knittelversen aus, wie man sie auf Geburtstagskarten findet. Dann raffte sie sich zu einer wohlwollenderen Haltung auf. Schließlich war es eine Ballade, und der Junge erst achtzehn.

DIE BALLADE VON ADAM HENRY

Ich nahm mein Kreuz und schleppte es am Fluss entlang.
Jung war ich und töricht – mir war von einem Traume
 bang,
Dass Buße Narrheit sei und Lasten nur die Toren
 tragen,
Doch sonntags hatte man mir eingeschärft, niemals zu
 klagen.

Splitter in meiner Schulter, das Kreuz war schwer wie
 Blei,
Mein Leben karg und gottesfürchtig, eine Wüstenei.
Der Fluss sprang und tanzte fröhlich mit den Sonnen-
 strahlen,
Ich aber musste immer weitergehen, unter Qualen.

Da stieg eine Nixe aus den Fluten mit Regenbogen-
 schuppen,
Wasser perlte und strömte herab in silbrigen Schnuppen.
»Wirf dein Kreuz ins Wasser, auch du sollst einmal frei
 sein!«
Und ich, im Schatten eines Judasbaums, warf meine
 Last hinein.

Ich kniete am Ufer, wundersam leicht ward mir zumut,
Da sie zu mir sich beugte und küsste mich mit Glut.
Dann aber taucht' sie in die Eisestiefe, mir auf immer entgangen,
Und meine Tränen versiegten erst, als die Trompeten erklangen.

Und Jesus stand auf dem Wasser, und dies sagt' er zu mir:
»Die Nixe war Satans Stimme, und jetzt bezahlst du dafür.
Ihr Kuss war der des Judas, Verrat und nicht mehr umzuwenden.
So soll er

So soll er was? Die Schlusszeile der letzten Strophe verlor sich in einem Gewirr krakliger Striche, die sich um Korrekturen, Streichungen, Ergänzungen und mit Fragezeichen versehenen Varianten rankten. Statt zu versuchen, aus diesem Chaos schlau zu werden, las sie das Gedicht noch einmal und lehnte sich dann mit geschlossenen Augen zurück. Sie nahm es ihm übel, dass er ihr in seiner Wut die Rolle des Satans zuwies, und entwarf in Gedanken einen Brief an ihn, auch wenn sie wusste, dass sie ihn niemals abschicken, ja nicht einmal schreiben würde. Sie hatte den Drang, ihn zu beschwichtigen und sich zu rechtfertigen. Sie spulte ein paar Plattitüden ab. *Ich musste dich wegschicken. Das war nur zu deinem Besten. Du musst dein Leben selbst in die Hand nehmen.* Dann, schon etwas konziser: *Selbst wenn wir den Platz hätten, könntest du nicht bei uns wohnen. So etwas ist für eine Richterin schlichtweg undenkbar.* Und: *Adam, ich bin nicht Judas. Auch keine Nixe, eher eine alte Schachtel...* Letzteres, um die krasse Selbstrechtfertigung etwas abzumildern.

Ihr Kuss mit seiner »Glut« war unverantwortlich gewesen, und sie war nicht ungestraft davongekommen, nicht was Adam betraf. Aber den Brief nicht zu beantworten war ein Gebot der Freundlichkeit. Sonst würde er wieder schreiben, oder wieder bei ihr auftauchen, und sie würde ihn wieder fortschicken müssen. Sie schob das gefaltete Blatt in den Umschlag zurück, ging damit in ihr Schlafzimmer und legte ihn in die Schublade ihres Nachttischs. Der Junge würde sie bald hinter sich lassen. Entweder war er wieder in den Strudel der Religion geraten, oder aber Judas, Jesus und alles andere waren poetische Bilder, Stilmittel, um ihr schreckliches Verhalten zu dramatisieren: dass sie ihn erst geküsst und dann in einem Taxi weggeschickt hatte. Wie auch immer, Adam Henry würde bei seinen Prüfungen wahrscheinlich trotz allem glänzend abschneiden und später eine gute Universität besuchen. Die Erinnerung an sie würde verblassen, am Ende wäre sie nur noch eine Randfigur in seiner Geschichte, in der Erziehung seiner Gefühle.

* * *

Sie befanden sich in einem kleinen, kahlen Kellerraum unter Mark Berners Kanzlei. Niemand konnte sich erinnern, wie der Grotrian-Steinweg dort hingelangt war, in fünfundzwanzig Jahren hatte niemand Anspruch auf das Klavier erhoben, und niemand wäre auf die Idee gekommen, es wegzuschaffen. Der Deckel wies Kratzer und Brandflecken von Zigaretten auf, aber die Mechanik war in Ordnung, der Klang samtweich. Draußen herrschte Frost, der erste Schnee des Winters hatte sich malerisch über den Gray's Inn Square gelegt. Hier, in dem von ihnen so genannten Proberaum, gab es keine Heizung, doch einige der zahlreichen frühviktorianischen Rohrleitungen an der Wand strahlten eine matte, aber gleichmäßige Wärme aus, dank der das Instrument sich nicht verstimmte. Der Bodenbelag, ein Veloursteppich voller Kaffeeflecken, war in den Sechzigern bahnenweise auf den Zement geklebt worden, und die Ränder bogen sich nun rebellisch in die Höhe. Eine Stolperfalle. Einzige Lichtquelle war eine nackte und überaus grelle 150-Watt-Birne an der niedrigen Decke. Eine Zeitlang hatte Mark davon gesprochen, einen Lampenschirm zu besorgen. Abgesehen von einem Notenständer und einem Klavierhocker gab es nur noch ein Möbelstück, einen gebrechlichen Küchenstuhl, auf dem sie ihre Mäntel und Schals abgelegt hatten.

Fiona saß vor den Tasten, rieb sich die kalten Hände in ihrem Schoß und starrte auf die Partitur, *Les nuits d'été* für Klavier und Tenorstimme. Irgendwo in ihrem Wohnzimmer musste noch eine alte Aufnahme davon mit Kiri Te Kanawa sein, die Schallplatte hatte sie seit Jahren nicht mehr gesehen. Aber die würde ihnen jetzt auch nicht helfen. Sie mussten den Berlioz dringend üben, bis jetzt hatten sie erst zweimal geprobt. Doch Mark war gestern vor Gericht gewesen und immer noch wütend und musste ihr unbedingt erzählen, warum. Und was er mit seiner Zukunft anzufangen gedachte, denn er wollte nicht mehr als Anwalt arbeiten. Er habe genug von der Justiz. Zu deprimierend, zu stumpfsinnig, zu verheerend für junge Menschen. Eine ebenso alte wie leere

Drohung, aber obwohl sie fröstelnd dasaß, fühlte sie sich verpflichtet, ihm zuzuhören. Dennoch ließ sie das erste Lied, die *Villanelle*, nicht aus dem Blick, die sanft sich wiederholenden Akkorde, die hämmernden Achtel, spielte im Kopf die entzückende Melodie und übersetzte sich Gautiers erste Zeile in Prosa –

Wenn der Frühling kommt, wenn die Kälte entschwunden ist...

In dem Fall ging es um vier junge Männer, die sich vor einem Pub in der Nähe der Tower Bridge mit vier anderen jungen Männern geprügelt hatten, die dort zufällig vorbeikamen. Alle acht waren betrunken. Nur die ersten vier wurden festgenommen und angeklagt. Die Geschworenen hatten sie der vorsätzlichen schweren Körperverletzung für schuldig befunden und sich der Ansicht des Staatsanwalts angeschlossen, dass die Männer unabhängig davon, was jeder Einzelne getan habe, als Kollektivtäter alle gleich zu behandeln seien. Sie hätten die Tat gemeinschaftlich begangen. Nach dem Schuldspruch, und eine Woche vor der Verkündung des Strafmaßes, hatte der Richter in Southwark, Christopher Cranham, den Männern mitgeteilt, dass sie mit langjährigen Freiheitsstrafen zu rechnen hätten. Worauf besorgte Angehörige von Wayne Gallagher, einem der vier, Mark Berner engagierten. Sie hatten bei Verwandten und Freunden den Hut herumgehen lassen und überdies mit einer cleveren Crowdfunding-Aktion die erforderlichen zwanzigtausend Pfund zusammengebracht. Man hoffte, ein angesehener Kronanwalt könne noch eine Strafmilderung erwirken. Gallaghers Pflichtverteidiger, der durchaus kompetent war, wurde entlassen, der beratende Anwalt hingegen behalten.

Berners Mandant war ein dreiundzwanzigjähriger, etwas verträumter junger Mann aus Dalston, dessen Hauptfehler eine gewisse Passivität war. Und Unzuverlässigkeit. Seine Kindheit hatte er in chaotischen und verwahrlosten Verhältnissen verbracht, die Mutter war alkohol- und drogensüchtig, der Vater hatte ähnliche Probleme und kümmerte sich so gut wie gar nicht um den Jungen. Wayne liebte seine Mutter und beteuerte immer wieder, sie liebe ihn ebenfalls. Nie habe sie ihn geschlagen. Als Heranwachsender vernachlässigte er die Schule, weil er hauptsächlich damit beschäftigt war, sie zu pflegen und für sie zu sorgen. Mit sechzehn ging er von der Schule ab und übernahm Gelegenheitsjobs – in einer Hühnerfabrik, als Hilfsarbeiter, in einem Lagerhaus, als Austräger von Reklamepost. Nie hatte er Arbeitslosenunterstützung oder Wohngeld beantragt. Vor fünf Jahren, mit achtzehn, war er von einem Mädchen arglistig wegen Vergewaltigung angezeigt worden. Er verbrachte ein paar Wochen in einer Jugendstrafanstalt und wurde dann für sechs Monate mit einer elektronischen Fußfessel und strengen Auflagen nach Hause geschickt. Etliche SMS ließen darauf schließen, dass der Sex einvernehmlich gewesen war, aber die Polizei lehnte genauere Ermittlungen ab. Was die Aufklärung von Vergewaltigungsfällen betraf, waren gewisse Quotenvorgaben zu erfüllen. Und so einer wie Gallagher kam da gerade recht. Der Prozess platzte bereits am ersten Tag, als die beste Freundin der Klägerin ihre Aussage machte. Das angebliche Opfer hatte lediglich auf finanzielle Entschädigung spekuliert. Sie wollte sich eine neue X-Box kaufen. Das hatte sie ihrer Freundin per SMS mitgeteilt. Worauf der Staatsanwalt, erzählte man sich, seine Perücke zu Boden schleuderte und »dumme Gans« zischte.

»Ein weiterer Minuspunkt war«, sagte Berner, »dass Gallagher mit fünfzehn einem Polizisten den Helm vom Kopf geschlagen hatte. Ein Dummejungenstreich. Aber als ›tätlicher Angriff auf einen Polizeibeamten‹ in den Akten.«

Der Lenz ist da, Geliebte. Der Wonnemonat der Liebenden.

Der Anwalt stand zu ihrer Linken vor dem Notenständer. In seinen engen schwarzen Jeans und dem schwarzen Rollkragenpulli erinnerte er sie an einen altmodischen Beatnik. Nur die Lesebrille, die ihm an einer Schnur um den Hals hing, passte nicht recht ins Bild.

»Stell dir vor, als Cranham diesen Burschen erklärt hat, was sie erwartet, da sagt einer von ihnen, sie wollen ihre Strafe auf der Stelle antreten. Lammfromm, lassen sich widerstandslos zur Schlachtbank führen. Und da musste Wayne Gallagher natürlich mit, obwohl er gern noch die eine Woche bei seiner Freundin verbracht hätte. Die beiden hatten gerade ein Kind bekommen. Und ich musste ewig weit nach Osten rausfahren, um ihn in diesem Loch zu treffen. Thamesmead.«

Fiona blätterte in der Partitur weiter. »Kenne ich, das Gefängnis«, sagte sie. »Gibt schlimmere.«

Setz dich zu mir auf dieses bemooste Ufer, lass uns von unsrer schönen Liebe sprechen...

»Und jetzt kommt's«, sagte Berner. »Vier Londoner Burschen. Gallagher, Quinn, O'Rourke, Kelly. Iren in dritter oder vierter Generation. Londoner Akzent. Alle auf dieselbe Schule gegangen. Ganz ordentliche Gesamtschule. Der Polizist, der sie festnahm, sah die Namen und hielt sie für eine Bande irischer Herumtreiber. Deswegen hat er die anderen vier auch gleich laufenlassen. Und deswegen hat sich der

Staatsanwalt auf Kollektivtäterschaft versteift. Bei Gangs so üblich. Saubere Sache. Erspart viel Arbeit.«

»Mark«, murmelte sie. »Wir sollten mal loslegen.«

»Bin gleich fertig.«

Zufällig wurde die Schlägerei von zwei Überwachungskameras aufgezeichnet.

»Die Aufnahmen waren perfekt. Jeder Einzelne zu erkennen. In gedämpften Farben. Aber gestochen scharf. Martin Scorsese hätte es nicht besser hinbekommen.«

Berner blieben vier Tage, um sich in den Fall einzuarbeiten, die DVD in Endlosschlaufe zu gucken und den wechselhaften Verlauf einer aus zwei Kamerawinkeln aufgenommenen achtminütigen Schlägerei zu memorieren, sich jede Bewegung seines Mandanten und die der anderen sieben einzuprägen. Er sah, wie die Männer auf dem breiten Bürgersteig zwischen einem geschlossenen Laden und einer Telefonzelle aufeinandertrafen, in Streit gerieten und sich ein bisschen herumschubsten – typisches Männergehabe, ein amorphes Gerangel, das sich einmal kurz über den Bordstein auf die Straße ergoss. Hier eine Hand an einem Unterarm, dort ein Handballen an einer Schulter. Dann hob Wayne Gallagher, der sich eher im Hintergrund hielt, einen Arm und schlug, Pech für ihn, als Erster zu, und gleich darauf noch ein zweites Mal. Aber seine Faust war zu hoch oben, er stand zu weit hinten, außerdem behinderte ihn die Bierdose in seiner anderen Hand. Seine Schläge waren wirkungslos, der Getroffene nahm sie kaum zur Kenntnis. Jetzt zerfiel die Gruppe ungeordnet in zwei Hälften. Plötzlich warf Gallagher, immer noch am Rand des Geschehens, seine Bierdose. Ein Wurf von unten. Der Anvisierte wischte sich ein paar

Biertropfen vom Revers. Einer der vier anderen glaubte das rächen zu müssen und verpasste Gallagher einen harten Schlag ins Gesicht, dass ihm die Lippe platzte. Damit war Gallagher aus dem Spiel. Er blieb benommen stehen, dann schlich er davon, außer Sichtweite der Kameras.

Die Schlägerei ging ohne ihn weiter. Einer seiner Schulfreunde, O'Rourke, schaltete sich ein und streckte den, der Gallagher geschlagen hatte, zu Boden. Kaum lag er da, brach ihm Kelly mit einem Tritt den Kiefer. Eine halbe Minute später fiel ein zweiter Mann aufs Pflaster, und diesmal war es Quinn, der ihm mit einem Tritt den Wangenknochen brach. Als die Polizei eintraf, sprang der Typ, der Gallagher geschlagen hatte, plötzlich auf und lief davon, um sich in der Wohnung seiner Freundin zu verstecken. Er hatte Angst, seinen Job zu verlieren, wenn man ihn verhaftete.«

Fiona sah auf die Uhr. »Mark...«

»Bin gleich fertig, Mylady. Tatsache ist, mein Mandant stand bloß da und hat auf die Polizei gewartet. Ganzes Gesicht voller Blut. Ein Mann, ›an dem man mehr gesündigt, als er sündigte‹, und so weiter. Es gab Knochenbrüche, also *schwere* Körperverletzung. Die Polizei hat allen vier diverse Straftatbestände zur Last gelegt. Aber der Staatsanwalt wollte auf Kollektivtäterschaft und vorsätzliche schwere Körperverletzung hinaus, da liegt das Strafmaß bei fünf bis neun Jahren. Immer dasselbe. Mein Mandant war an den Gewalttätigkeiten nicht beteiligt. Sollte für Verbrechen bestraft werden, die andere begangen hatten und für die man ihn nicht mal angeklagt hatte. Hat sich nicht schuldig bekannt. Besser wär's gewesen, er hätte die Schubserei zugegeben, aber da war ich ja noch nicht da und konnte ihm raten. Sein Pflichtverteidiger hätte den Geschworenen das Polizeifoto von seinem blutigen Gesicht vor die Nase halten sollen. Jedenfalls, der mit dem gebrochenen Kiefer wollte sich nicht als Opfer vorführen lassen. Wurde als Zeuge der Anklage aufgerufen. Fragte, was das ganze Theater eigentlich solle. Erzählte dem Richter, er hätte gar nicht zum Arzt gemusst, er sei zwei Tage nach der Schlägerei in Urlaub gefahren, nach Spanien. Die ersten Tage hätte er seinen Wodka mit dem Strohhalm trinken müssen. Mehr war nicht, Punkt – so seine Aussage. Steht wörtlich im Prozessprotokoll.«

Sie hörte weiter zu, spreizte die Finger über einem Akkord, ohne ihn zu spielen. *Lass uns nach Hause gehen, den Korb voller Walderdbeeren.*

»An der Entscheidung der Geschworenen konnte ich natürlich nichts mehr ändern. Fünfundsiebzig Minuten lang habe ich versucht, Wayne von den anderen abzusondern, wenigstens den Vorsatz wegzuargumentieren. Das hätte nur noch drei bis fünf Jahre gegeben. Außerdem habe ich schlüssig dargelegt, dass unser Rechtssystem ihm wegen des unbegründeten Vergewaltigungsvorwurfs sechs Monate Freiheit schuldig sei. Das hätte ihn in Reichweite einer Bewährungsstrafe gebracht, mehr ist so eine Dummheit auch nicht wert. Die anderen drei Pflichtverteidiger sprachen jeweils zehn Minuten für ihre Mandanten. Cranham fasste zusammen. Fauler Sack. Kein Vorsatz, okay, Gott sei Dank, aber er beharrte auf der Kollektivtäterschaft, und er ging mit keinem Wort auf die Zeit ein, die der Staat meinem Mandanten schuldet. Pauschal alle zu zweieinhalb Jahren verdonnert. Fehlurteil aus Faulheit. Aber auf den Zuschauerbänken haben die Eltern der anderen geschluchzt vor Erleichterung.

Die hatten mit mindestens fünf Jahren gerechnet. Denen hatte ich natürlich einen Gefallen getan.«

Fiona sagte: »Der Richter hat seinen Ermessensspielraum ausgenutzt und ist unterhalb der Mindeststrafe geblieben. Du kannst dich glücklich schätzen.«

»Darum geht es nicht, Fiona.«

»Lass uns anfangen. Wir haben nur noch eine knappe Stunde.«

»Hör mir noch kurz zu. Dies hier ist meine Rücktrittsrede. Alle diese jungen Männer haben einen Job. Das sind Steuerzahler, Herrgott noch mal! Mein Mandant hat niemandem einen Schaden zugefügt. Entgegen allen Erwartungen, wenn man seine Herkunft bedenkt, ist er ein pflichtbewusster Vater. Kelly trainiert in seiner Freizeit eine Jugendfußballmannschaft. O'Rourke engagiert sich an den Wochenenden für eine Mukoviszidose-Stiftung. Das war kein Überfall auf harmlose Passanten. Das war ein Handgemenge vor einem Pub.«

Sie sah von der Partitur auf. »Und der gebrochene Wangenknochen?«

»Na schön. Eine Schlägerei. Zwischen Erwachsenen, die wussten, was sie taten. Was soll es für einen Sinn haben, die Gefängnisse mit solchen Leuten vollzustopfen? Gallagher hat zwei harmlose Schläge ausgeteilt und eine fast leere Bierdose geworfen. Zweieinhalb Jahre. Für immer vorbestraft wegen einer schweren Körperverletzung, die ihm noch nicht mal vorgeworfen wurde. Jetzt kommt er nach Isis, in diesen Jugendknast, du weißt schon, innerhalb von Belmarsh. Ich bin ein paarmal da gewesen. Auf der Website steht, sie hätten eine ›Lernakademie‹. Von wegen! Mandanten von mir haben da dreiundzwanzig Stunden am Tag in der Zelle verbracht. Die Kurse fallen jede Woche aus. Angeblich zu wenig Personal. Cranham mit seinem aufgesetzten Überdruss, der immer so tut, als sei er zu gereizt, um noch irgendwem zuzuhören. Was kümmert es den, was aus diesen jungen Leuten wird? Ab in den Knast, sollen sie doch dort versauern und lernen, Verbrecher zu werden. Weißt du, was mein größter Fehler war?«

»Was?«

»Ich habe zu argumentieren versucht, dass es sich hier um feuchtfröhlichen Übermut gehandelt habe. Dass man sich einvernehmlich geprügelt habe. ›Wären diese vier Herren Mitglieder des Oxforder Bullingdon Clubs, Euer Ehren, würden sie jetzt nicht vor Ihnen stehen.‹ Dann kam mir ein schrecklicher Verdacht, und zu Hause habe ich Cranham im *Who's Who* nachgeschlagen. Und jetzt rat mal.«

»O Gott. Mark, du solltest dringend mal Urlaub machen.«

»Seien wir ehrlich, Fiona. Das ist purer Klassenkampf.«

»Und am Familiengericht gibt's nichts als Champagner und *fraises des bois*.«

Ohne weiteren Aufschub begann sie die ersten zehn Takte zu spielen, diese sanft insistierenden Akkorde. Aus dem Augenwinkel sah sie ihn die Lesebrille aufsetzen. Und schon ertönte sein voller Tenor – so *dolce*, wie der Komponist es vermerkt hatte.

Quand viendra la saison nouvelle,
Quand auront disparu les froids…

Für die nächsten fünfundfünfzig Minuten vergaßen sie die Juristerei.

* * *

Am Tag der Aufführung im Dezember kam sie gegen sechs vom Gericht nach Hause und hatte es eilig, zu duschen und sich umzuziehen. Auf dem Weg in ihr Schlafzimmer hörte sie Jack in der Küche und rief ihm im Vorbeigehen ein Hallo zu. Er stand gerade gebückt neben dem Kühlschrank und brummte etwas zurück. Als sie vierzig Minuten später auf den Flur hinaustrat, hatte sie ein schwarzes Seidenkleid und hochhackige schwarze Lackpumps an. Mit denen konnte sie die Pedale gut bedienen. Um den Hals trug sie ein schlichtes Silberkettchen. Ihr Parfüm war Rive Gauche. Aus der selten benutzten Stereoanlage im Wohnzimmer kam Klaviermusik, eine alte Keith-Jarrett-Platte, *Facing You*. Das erste Stück. Sie blieb vor der Schlafzimmertür stehen und lauschte. Es war lange her, dass sie diese zaghafte, angedeutete Melodie gehört hatte. Sie hatte vergessen, wie lässig die Töne Zuversicht sammelten, wie sie dann zum Leben erwachten, wenn die linke Hand diesen seltsam verschobenen Boogie zu spielen begann, der eine unaufhaltsame Kraft entwickelte, wie eine immer schneller werdende Lokomotive. Nur ein klassisch geschulter Musiker konnte beiden Händen so freien Lauf lassen, wie Jarrett es tat. Das zumindest war ihre parteiische Meinung.

Jack wollte ihr damit etwas sagen, denn dies war eins der drei oder vier Alben, die den Soundtrack ihrer jungen Liebe gebildet hatten. Damals, nach dem Examen, nach der nur mit Frauen besetzten Aufführung von *Antonius und Cleopatra*, als er sie überredet hatte, erst eine, dann Dutzende von Nächten in jenem Zimmer unterm Dach mit der Luke nach Osten zu verbringen. Als sie begriff, dass sexuelle Ekstase nicht bloß eine aufgebauschte Phrase war. Als sie zum ersten Mal, seit sie sieben war, vor Vergnügen schrie. Rücklings war sie in einen fernen, menschenleeren Raum getaumelt, und hinterher – sie lagen nebeneinander im Bett, die Laken bis zu den Hüften hochgezogen, wie Filmstars nach dem Akt – lachten sie über den Lärm, den sie veranstaltet hatte. Zum Glück war in der Wohnung darunter niemand. Jack, cool und langhaarig, erklärte ihr, dies sei das größte Kompliment, das er je bekommen habe. Und sie sagte, sie könne sich nicht vorstellen, in ihrem Rückgrat, in ihren Knochen jemals wieder genug Kraft zu verspüren, um dorthin zurückzukehren. Nicht, wenn sie das überleben solle. Aber dann schaffte sie es doch immer wieder. Sie war jung.

Zu jener Zeit hatte er sie, wenn sie einmal nicht im Bett lagen, auch in anderer Hinsicht mit Jazz zu verführen gesucht. Er bewunderte ihr Spiel, wollte sie aber aus der Tyrannei klassischer Notation und längst toter Genies befreien. Er spielte ihr Thelonious Monks *Round About Midnight* vor und kaufte ihr die Noten dazu. Die bereiteten ihr keine Schwierigkeiten. Aber ihre Version, glatt und gleichmäßig, klang wie ein unspektakuläres Stück von Debussy. Das sei in Ordnung, meinte Jack. Die großen Jazzmeister hätten ihn alle bewundert und von ihm gelernt. Sie hörte sich das Stück noch einmal an, ließ nicht locker, spielte exakt vom Blatt, aber Jazz kam dabei nicht heraus. Kein Pep, kein Gespür für Synkopen, keine Freiheit, ihre Finger folgten sklavisch den Taktangaben und Noten auf dem Papier. Deswegen habe sie auch Jura studiert, erklärte sie ihrem Geliebten: Respekt vor Regeln.

Sie gab auf, schulte jedoch ihr Ohr, und es war Keith Jarrett, den sie bald mehr bewunderte als alle anderen. Sie hatte

Jack zu seinem Konzert im Kolosseum nach Rom eingeladen. Die technische Gewandtheit, die mühelose, fast Mozart'sche Fülle lyrischer Einfälle – nun hörte sie sie wieder nach all den Jahren und konnte nicht anders, sie musste einfach innehalten und sich daran erinnern, wer sie und Jack einmal gewesen waren. Die Musik war klug gewählt.

Sie ging durch den Flur und blieb in der Tür zum Wohnzimmer erneut stehen. Er hatte sich Mühe gegeben. Ein paar Lampen mit seit langem defekten Glühbirnen leuchteten endlich wieder. Dazu hatte er Kerzen im Raum verteilt. Die Vorhänge waren vor dem leichten Winterabendregen zugezogen, und zum ersten Mal seit über einem Jahr brannte im Kamin ein ordentliches Feuer, mit Holzscheiten und Kohle. Daneben stand Jack, eine Flasche Champagner in der Hand. Vor ihm, auf einem niedrigen Tisch, ein Teller mit Prosciutto, Oliven und Käse.

Er trug einen schwarzen Anzug und ein weißes Hemd ohne Krawatte. Elegant wie eh und je. Er kam auf sie zu, reichte ihr einen Champagnerkelch und füllte ihn, dann schenkte er sich selber ein. Seine Miene war ernst, als sie miteinander anstießen.

»Uns bleibt nicht viel Zeit.«

Sie interpretierte das so, dass sie schon bald zur Great Hall aufbrechen mussten. Heller Wahnsinn, vor einem Konzert zu trinken, aber das kümmerte sie jetzt nicht. Sie trank einen zweiten Schluck und folgte ihm zum Kamin. Er hielt ihr den Teller hin, sie nahm ein Stück Parmesan, dann lehnten sie sich, einer links, einer rechts vom Feuer, an den Kaminsims. Wie riesige Ornamente, dachte sie.

Er sagte: »Wer weiß, wie viel noch. Nicht mehr viele Jahre.

Entweder wir fangen wieder an, zu leben, richtig zu leben, oder wir lassen es sein und finden uns damit ab, dass uns bis zum Ende nur noch Trübsal erwartet.«

Sein altes Thema. *Carpe diem.* Sie hob ihr Glas und sagte feierlich: »Auf das Leben.«

Sie bemerkte die kleine Veränderung in seiner Miene. Erleichterung, und dann noch etwas Intensiveres.

Er schenkte ihr nach. »Apropos: Das Kleid ist fabelhaft. Du siehst toll aus.«

»Danke.«

Sie sahen sich so lange in die Augen, bis sie nur noch aufeinander zugehen und sich küssen konnten. Und noch einmal. Seine Hand lag leicht an ihrem Kreuz, glitt nicht wie früher sogleich ihren Schenkel hinunter. Er ging in kleinen Schritten vor, und sein Zartgefühl rührte sie. Hätte man sie nicht zu einem wichtigen musikalischen und gesellschaftlichen Anlass erwartet – sie wüsste genau, wo diese Szene geendet hätte. Aber die Noten lagen hinter ihr auf der Couch, und Pflicht war Pflicht, sie mussten nun einmal vollständig bekleidet bleiben. Also noch eine innige Umarmung, ein letzter Kuss, dann lösten sie sich, nahmen ihre Gläser, stießen schweigend an und tranken.

Er verschloss die Flasche mit einem raffinierten federbewehrten Stöpsel, den sie ihm vor vielen Jahren zu Weihnachten geschenkt hatte. »Für später«, sagte er, und sie lachten.

Sie holten ihre Mäntel und brachen auf. Wegen ihrer hohen Absätze ging sie den ganzen Weg am Arm ihres Mannes, unter dem Schirm, den er ritterlich über ihren, nicht seinen Kopf hielt.

»Du bist die Künstlerin«, sagte er. »Du trägst das Seidenkleid.«

Ein lautes Gewirr aus Smalltalk und Lachen kündigte schon von ferne die rund hundertfünfzig Leute an, die mit Weingläsern in der Hand im Saal herumstanden. Die Stühle waren aufgestellt, das Fazioli und ein Notenpult warteten auf der Bühne, aber noch saß niemand. Anwälte, Richter, praktisch ihr gesamtes berufliches und gesellschaftliches Umfeld an einem Ort versammelt. Im Lauf der letzten dreißig Jahre hatte sie mit Dutzenden der Anwesenden zusammengearbeitet, oder gegen sie. Etliche Berühmtheiten, viele auch von den anderen Anwaltskammern, von Lincoln's Inn oder Inner oder Middle Temple: der Lordoberrichter persönlich, einige Richter vom Court of Appeal, zwei vom Supreme Court, der Generalstaatsanwalt, eine ganze Schar bekannter Anwälte. Die Vollstrecker des Rechts, die über Schicksale entschieden und Bürger ihrer Freiheit beraubten, hatten einen ausgeprägten Sinn für Humor und fachsimpelten für ihr Leben gern. Der Krach war ohrenbetäubend. Binnen Minuten hatten sie und Jack sich aus den Augen verloren. Jemand fragte ihn nach seinem Rat, es ging um einen lateinischen Spruch. Sie musste sich unbedingt den neuesten Klatsch über einen exzentrischen Freund des Court-of-Appeal-Vorsitzenden anhören. Fiona brauchte sich kaum von der Stelle zu rühren. Freunde kamen auf sie zu, umarmten sie und wünschten toi toi toi, andere Leute schüttelten ihr die Hand. Es war ein genialer Schachzug des Organisationskomitees von Gray's Inn, den Konzerten stets eine Party vorangehen zu lassen. Wein, so Fionas Hoffnung, würde die kritische Wigmore-Hall-Fraktion etwas gnädiger stimmen.

Als ein Kellner mit einem Silbertablett vorbeikam, konnte sie nicht widerstehen. Kaum nahm sie ein Glas, tauchte zwanzig Meter und hundert Leute entfernt Mark Berner in ihrem Blickfeld auf und drohte ihr mit dem Finger. Natürlich hatte er recht. Sie prostete ihm zu und nahm einen Schluck. Ein Freund, eine feste Größe in der Zivilabteilung des High Court, zog sie mit sich und machte sie mit einem »brillanten« Anwalt bekannt, der zufällig sein Neffe war. Unter den Augen des stolzen Onkels stellte sie einem dünnen jungen Mann, der zum Herzerbarmen stotterte, beflissen ein paar Fragen. Sie begann sich gerade nach etwas anregenderer Gesellschaft zu sehnen, da kam auch schon eine alte Freundin von Middle Temple angesegelt, begrüßte sie stürmisch und bugsierte sie zu einer Gruppe aufmüpfiger junger Anwältinnen, die ihr, wenn auch in scherzhaftem Ton, erzählten, sie kämen nie an die richtig guten Fälle heran. Die gingen immer an die Männer.

Saaldiener schoben sich durchs Gewühl und kündigten den baldigen Beginn des Konzerts an. Widerstrebend ging man zu den Stühlen. Guten Wein und Klatsch gegen ernste Musik einzutauschen schien zunächst wenig verlockend. Aber die Gläser wurden eingesammelt, und langsam legte sich der Lärm. Als sie auf die Stufen am rechten Bühnenrand zuschritt, spürte sie plötzlich eine Hand auf ihrer Schulter und drehte sich um. Es war ihr Kollege Sherwood Runcie, der von dem Mordfall Martha Longman. Aus irgendeinem Grund im Smoking. In dieser Uniform wirkten schmerbäuchige Männer eines gewissen Alters immer leicht kläglich, wie eingezwängt. Er berührte sie am Arm, wollte ihr etwas mitteilen, was sie interessieren würde und bisher aus der Presse herausgehalten worden war. Sie beugte sich zu ihm, um ihn besser zu hören. Ihre Gedanken waren bereits bei dem Konzert, ihr Puls schon beschleunigt, und es fiel ihr schwer, sich auf ihn zu konzentrieren, auch wenn sie glaubte, ihn verstanden zu haben. Gerade als sie den Richter bat, das Gesagte noch einmal zu wiederholen, sah sie, dass Mark sich nach ihr umdrehte und ungeduldige Zeichen machte. Sie richtete sich auf, dankte Runcie und folgte ihrem Tenor zur Bühne.

Während sie am Fuß der Treppe warteten, dass ihr Publikum Platz nahm und sie das Signal zum Anfangen bekamen, fragte er: »Alles in Ordnung?«

»Ja, alles gut. Warum?«

»Du siehst blass aus.«

»Mhm.«

Mechanisch befühlte sie mit den Fingerspitzen einer Hand ihr Haar. In der anderen hielt sie die Noten. Sie packte sie fester. Sah sie verwirrt aus? Sie überschlug, was sie getrunken hatte. Höchstens drei Schlückchen von dem Weißwein, vor dem Mark sie gewarnt hatte. Insgesamt etwa zwei Gläser. Da konnte nichts passieren. Er half ihr die Treppe hinauf, und als sie vor dem Flügel standen und eine leichte Verbeugung machten, brandete Applaus auf wie für eine Mannschaft beim Heimspiel. Immerhin war dies ihr fünftes Weihnachtskonzert in der Great Hall.

Sie nahm Platz, ordnete die Notenblätter, brachte den Klavierhocker in die richtige Höhe, holte tief Luft und atmete langsam wieder aus, um sich von den letzten Gesprächsfetzen zu befreien, dem stotternden Anwalt, den fröhlichen unterforderten jungen Frauen. Und Runcie. Nein. Jetzt nicht darüber nachdenken. Mark bedeutete ihr mit einem Nicken, dass er bereit sei, und sogleich entlockten ihre Finger dem mächtigen Instrument die ersten sanft schaukelnden Akkorde, und ihre Gedanken eilten ihnen nach. Der Einsatz des Tenors kam perfekt, und nach wenigen Takten waren sie zu einer Einheit verschmolzen, wie es ihnen bei den Proben nur selten gelungen war: Sie mussten sich nicht mehr darauf konzentrieren, alles richtig zu machen, sondern konnten sich ohne jede Anstrengung in der Musik auflösen. Ihr schoss durch den Kopf, dass sie genau die richtige Menge Wein getrunken hatte. Der geschmeidig kräftige Klang des Fazioli beflügelte sie. Es war, als trieben sie und Mark auf einem munter fließenden Notenstrom dahin. Seine Stimme kam ihr wärmer vor, die Intonation perfekt, frei von dem unmelodischen Vibrato, das er manchmal einsetzte, frei, die ganze Lust in Berlioz' *Villanelle* aufzuspüren, ebenso wie später im *Lamento* das ganze Leid des steil abfallenden Verses: *Ah! Sans amour s'en aller sur la mer!* Ihre Finger spielten von allein. Während sie über die Tasten flogen, hörte sie sich selbst, als säße sie ganz hinten im Publikum, als würde von ihr nichts anderes verlangt, als anwesend zu sein. Gemeinsam waren sie und Mark in den horizontlosen Hyperraum der Musik eingetreten, jenseits von Zeit und Ziel. Dass sie bei ihrer Rückkehr etwas Bestimmtes erwartete, war ihr nur vage bewusst, es lag weit unter ihr, ein fremder Fleck in einer vertrauten Landschaft. Vielleicht war es gar nicht da, vielleicht war es gar nicht wahr.

Sie tauchten auf wie aus einem Traum und standen wieder Seite an Seite vor ihrem Publikum. Tosender Applaus, aber so war es immer. In weihnachtlicher Großherzigkeit spendete man den schlechteren Darbietungen in der Great Hall oft gar besonders lauten Beifall. Erst als sie Marks Blick erwiderte und den feuchten Glanz in seinen Augen sah, war sie sich sicher, dass sie die üblichen Grenzen einer Amateuraufführung durchbrochen hatten. Sie hatten dem Stück wirklich etwas hinzugefügt. Falls unter den Zuhörern eine Frau war, die er hatte beeindrucken wollen, dann hatte er sie auf die gute alte Art umworben und mit Sicherheit erobert.

Jäh wurde es still, als sie für das Mahler-Lied in Positur gingen. Jetzt war sie auf sich allein gestellt. Bei der langen Einleitung konnte man fast meinen, die Pianistin erfinde sie während des Spielens nach und nach. Mit unendlicher Geduld schlug sie zögernd zwei Töne an, wiederholte sie und fügte einen weiteren hinzu, wiederholte dann diese drei, und erst mit dem vierten schwang sich das Ganze zu einer der schönsten Melodien empor, die der Komponist je ersonnen hatte. Sie fühlte sich nicht bloßgestellt. Ihr gelang sogar, was sich bei erstklassigen Pianisten von selbst verstand, nämlich bestimmten Tönen oberhalb des eingestrichenen Cs einen glockenartigen Klang beizugeben. An anderen Stellen war ihr, als könnte jeder im Saal die Harfe heraushören, die in der Orchesterfassung spielte. Mark setzte ein und traf auf Anhieb die Stimmung stiller Resignation. Aus irgendeinem Grund bestand er darauf, die Lieder auf Englisch, nicht auf Deutsch, zu singen, eine Freiheit, die nur Amateuren gewährt wurde. Das hatte den Vorteil der Unmittelbarkeit, jeder verstand diesen Mann, der sich da aus dem Tumult zurückzog. *I really am as good as dead to the world.* Die beiden spürten, dass sie das Publikum im Griff hatten, und ihre Darbietung steigerte sich noch. Fiona wusste aber auch, dass sie sich langsam und gemessen auf etwas Schreckliches zubewegte. Wahr oder nicht wahr, sie würde es erst erfahren, wenn die Musik endete und sie sich dem stellte.

Wieder Applaus, ihre leichten Verbeugungen, und dann die Rufe nach einer Zugabe. Sogar Trampeln war zu hören, und es wurde lauter. Die Künstler sahen sich an. Mark hatte Tränen in den Augen. Ihr Lächeln fühlte sich ganz starr an. Als sie wieder auf dem Klavierhocker Platz nahm und es im Saal ruhig wurde, hatte sie einen metallischen Geschmack im Mund. Die Hände im Schoß, hielt sie sekundenlang den Kopf gesenkt, weigerte sich, zu ihrem Partner hinüberzublicken. Aus dem kleinen Repertoire, das sie auswendig konnten, hatten sie sich bereits auf Schuberts *An die Musik* geeinigt. Ein Evergreen. Funktionierte immer. Sie legte ihre Hände auf die Tasten, sah aber immer noch nicht auf. Im Saal war es vollkommen still, und endlich fing sie an. Die Einleitung, die sie spielte, mochte vom Geist Schuberts gesegnet sein, aber die drei ansteigenden Töne, ein gebrochener Akkord, dem tiefer sein zartes Echo folgte, und noch tiefer noch eines, das sich dann auflöste, stammten von einer anderen Hand. Die ruhig pulsierenden Töne im Hintergrund mochten durchaus auf Berlioz verweisen. Wer weiß? Vielleicht war sogar Mahlers Lied mit seiner melancholischen Ergebung für Britten bei dieser Vertonung eine Inspiration gewesen. Fiona ließ Mark keinen Blick der Entschuldigung zukommen. Ihre Miene war so starr wie vorhin ihr Lächeln, und sie sah nur auf ihre Hände. Ihm blieben bloß Sekunden, um sich auf die neue Situation einzustellen, dann aber lächelte er, holte Luft und begann mit schmelzender Stimme zu singen, noch schmelzender dann in der zweiten Strophe.

Am Bach auf einer Wiese war's, wo sie mit mir stand;
Auf meiner krummen Schulter lag schneeweiß ihre Hand.
Nimm leicht das Leben, bat sie, wie Gras wächst leicht
   am Wehr.
Doch ich war jung und töricht und weine nun seither.

Das Publikum hier war immer großzügig, doch nur selten spendete es Standing Ovations. Das war eher etwas für Popkonzerte, ebenso wie lautes Rufen und Pfeifen. Aber jetzt sprangen sie alle auf, mit kaum merklicher Verzögerung selbst die grauen Eminenzen des Justizsystems. Jüngere Enthusiasten riefen bravo und pfiffen. Doch Mark Berner nahm den Beifall allein entgegen. Eine Hand auf den Flügel gelegt, nickte und lächelte er und sah zugleich besorgt seiner Pianistin hinterher, die mit gesenktem Blick über die Bühne lief, die Treppe hinuntereilte und sich an dem wartenden Streichquartett vorbei Richtung Ausgang drängte. Man nahm allgemein an, der Auftritt müsse sie ungewöhnlich tief berührt haben, und die Gray's-Inn-Kollegen und deren Freunde konnten es ihr nachfühlen und klatschten umso lauter, als sie an ihnen vorbeihastete.

* * *

Sie fand ihren Mantel und ging, ohne sich um den strömenden Regen zu scheren, so schnell, wie sie es mit den hohen Absätzen nur wagte, nach Hause. Im Wohnzimmer brannten zwei Kerzen, die sie leichtsinnigerweise nicht gelöscht hatten. Noch im Mantel – aus den klatschnassen Haaren lief ihr ein Rinnsal den Rücken hinunter – blieb sie stehen und versuchte sich an den Namen einer Frau zu erinnern. So viel war geschehen, seit sie das letzte Mal an sie gedacht hatte. Sie sah ein Gesicht, sie hörte eine Stimme, und dann fiel es ihr ein. Marina Greene. Fiona nahm ihr Handy aus der Handtasche und wählte die Nummer. Sie entschuldigte sich, dass sie außerhalb der Dienstzeit anrief. Das Gespräch dauerte nicht lang, denn im Hintergrund waren schreiende Kinder zu hören, und die junge Frau klang müde und entnervt. Ja, sie könne das bestätigen. Vor vier Wochen. Sie teilte Fiona die wenigen Einzelheiten mit, die ihr bekannt waren, und zeigte sich überrascht, dass man die Richterin nicht informiert hatte.

Sie hatte sich nicht vom Fleck gerührt und starrte jetzt den Teller mit Essen an, den ihr Mann vorbereitet hatte, eine gnädige Leere erfasste sie. Die Musik, die sie eben gespielt hatte, hallte nicht wie sonst in ihrem Kopf wider. Sie hatte das Konzert ganz vergessen. Falls das neurologisch überhaupt möglich war, dachte sie jetzt nichts. Minuten vergingen. Wie viele, war unmöglich zu sagen. Ein Geräusch ließ sie aufschrecken. Das Feuer lag in den letzten Zügen und zerfiel auf dem Kaminrost. Sie ging rüber, kniete nieder und schichtete es wieder auf, wobei sie die Holz- und Kohlestücke von Hand, nicht mit der Zange, auf und neben die restliche Glut legte. Drei Stöße aus dem Blasebalg, und ein Kieferspan entflammte, das Feuer griff auf zwei größere Hölzchen über. Sie rückte dichter heran, bis das Schauspiel winziger Flammen, die hin und her sprangen und über das Schwarz der Kohlen züngelten, ihr ganzes Blickfeld ausfüllte.

Endlich kamen Gedanken, und zwar in Form zweier nachdrücklicher Fragen. Warum hast du mir nichts gesagt? Warum hast du mich nicht um Hilfe gebeten? Eine Stimme in ihr gab die Antwort: *Hab ich doch.* Sie stand auf und spürte einen Schmerz in der Hüfte, als sie in ihr Schlafzimmer ging und das Gedicht aus dem Nachttisch holte, wo es sechs Wochen lang gelegen hatte. Der melodramatische Ton, die puritanische Vorstellung, wer nach Freiheit strebe, sein schweres Kreuz in den Fluss werfe und einen keuschen Kuss empfange, sei dem Satan erlegen, hatten sie davon abgehalten, es noch einmal zu lesen. Die christlichen Requisiten, Kreuz, Judasbaum, Trompeten – wie klebrig und drückend das alles. Und sie war die Verführerin, die Nixe mit den Regenbogenschuppen, die heimtückische Kreatur, die den Dichter vom rechten Weg abgebracht und geküsst hatte. Ja, dieser Kuss. Es waren ihre Schuldgefühle, die sie von ihm ferngehalten hatten.

Sie hockte sich wieder vor den Kamin und legte das Gedicht vor sich auf den Buchara-Läufer. Schon hatte sie am oberen Rand des Blatts kohlenschwarze Fingerabdrücke hinterlassen. Sie ging direkt zur letzten Strophe – Jesus, der wunderbarerweise auf dem Wasser steht und verkündet, die Nixe sei in Wahrheit der Teufel und der Dichter müsse jetzt dafür bezahlen.

> Ihr Kuss war der des Judas, Verrat und nicht mehr umzuwenden.
> So soll er

Sie griff nach der Brille auf dem Tisch hinter ihr und nahm die durchgestrichenen und eingekreisten Wörter genauer in Augenschein. »Messer« war gestrichen, ebenso »bezahlen«, »möge er« und »Schuld«. Das Wort »selbst« war gestrichen, wieder eingefügt und wieder gestrichen worden. »Darf nicht«

war ersetzt durch »muss«, und »versenkt« durch »ertränkt«. »Soll« schwebte, nicht eingekreist, frei über dem Getümmel, ein Pfeil deutete an, dass es »und« ersetzen sollte. Schritt für Schritt begriff sie seine Vorgehensweise, und dann hatte sie es plötzlich. Klar und deutlich. Die richtigen Wörter waren sogar durch eine geschlängelte Linie miteinander verbunden. Der Sohn Gottes hatte einen Fluch verkündet.

> So soll er, der mein Kreuz ertränkt, mit eigner Hand
> sein Leben enden.

Sie rührte sich nicht, als sie die Wohnungstür aufgehen hörte, und so erblickte Jack sie vor dem Kamin, als er am Wohnzimmer vorbei zur Küche ging. Er nahm an, sie kümmere sich um das Feuer.

»Leg ordentlich nach«, rief er. Und dann, schon weiter weg: »Du warst phantastisch! Alle waren begeistert. Und so bewegend!«

Als er mit dem Champagner und zwei frischen Gläsern zurückkam, war sie schon aufgestanden, hatte den Mantel ausgezogen und über eine Sessellehne geworfen und die Schuhe abgestreift. Sie stand mitten im Zimmer und wartete. Er drückte ihr ein Glas in die Hand, ohne zu bemerken, wie blass sie war.

»Deine Haare. Soll ich dir ein Handtuch holen?«

»Trocknet schon.«

Er nahm den Metallverschluss von der Flasche und füllte erst ihr Glas, dann seines, stellte es aber gleich wieder ab, um den Kohleneimer über den Flammen im Kamin auszuschütten und drei große Scheite in Wigwam-Formation darüberzuschichten. Dann machte er die Stereoanlage an, und Jarrett begann noch einmal von vorn.

Sie flüsterte: »Jack, jetzt nicht.«

»Natürlich. Nach dem Abend! Dumm von mir.«

Ihr war klar, dass er schnell wieder dahin zurückwollte, wo sie vor dem Konzert gewesen waren, und er tat ihr leid. Er gab sich solche Mühe. Bald würde er sie küssen wollen. Er kam wieder zu ihr, und in der Stille, die in ihren Ohren rauschte, kaum dass die Musik aus war, stießen sie an und tranken. Dann sprach er von ihrem Auftritt, von den Tränen, die ihm vor Stolz in die Augen gestiegen waren, als am Ende alle aufstanden, und erzählte, was die Leute hinterher gesagt hatten.

»Es ist gutgegangen«, sagte sie. »Ich bin so froh, dass es gutgegangen ist.«

Er war kein Musiker und interessierte sich, wenn, dann für Jazz und Blues, sprach aber recht verständig von dem Konzert und hatte die Stücke einzeln in Erinnerung. *Les nuits d'été* sei eine Offenbarung gewesen. Besonders bewegt habe ihn das *Lamento*, er habe sogar den französischen Text verstanden. Das Mahler-Lied müsse er noch einmal hören, er ahne da eine enorme emotionale Tiefe, habe aber beim ersten Mal den Zugang dazu noch nicht ganz gefunden. Er sei froh, dass Mark es auf Englisch gesungen habe. Jeder kenne den Drang, vor der Welt davonzulaufen, nur wenige wagten es. Sie hörte, so schien es jedenfalls, ernst zu, hier und da nickte sie oder sagte selbst etwas. Sie fühlte sich wie eine Patientin im Krankenhaus, die sich danach sehnt, dass ihr freundlicher Besucher endlich geht, damit sie wieder in Ruhe krank sein kann. Das Feuer loderte auf, und als Jack merkte, dass sie zitterte, führte er sie zum Kamin und goss ihr den Rest des Champagners ein.

Sie wohnten schon so lange hier, dass er ihre Kollegen von der Anwaltskammer fast so gut kannte wie sie selbst. Er begann ihr zu berichten, mit wem er an diesem Abend alles gesprochen hatte. Die Bewohner des Gray's Inn Square waren eine verschworene Gemeinschaft, die sie beide faszinierte. Und die abendliche Nachbereitung des Tages war ein fester Bestandteil ihres Ehelebens. Es bereitete ihr keine Mühe, die eine oder andere Antwort zu murmeln. Jack war nach wie vor euphorisch, aufgekratzt von ihrem Auftritt und dem, was er sich noch erwartete. Er erzählte ihr von einem Strafverteidiger, der mit einigen anderen Leuten eine unabhängige Schule gründen wollte. Sie brauchten noch eine lateinische Übersetzung ihres Mottos: »Jedes Kind ein Genie.« Maximal drei Wörter, kurz genug, dass man es auf einen Schulblazer sticken konnte, unter das Wappentier, einen Phönix, der aus der Asche steigt. Ein faszinierendes Problem. Genie sei ein Begriff aus dem 18. Jahrhundert, und »Kind« werde im Lateinischen zumeist geschlechtsspezifisch wiedergegeben. Jack habe »*cuiusque parvuli ingenium*« vorgeschlagen – nicht ganz so stark wie Genie, aber angeborene Intelligenz oder Begabung passe doch auch ganz gut. Und *parvuli* könne man zur Not auch auf Mädchen beziehen. Dann habe der Anwalt ihn gefragt, ob er vielleicht Lust hätte, einen peppigen Lateinkurs für Elf- bis Sechzehnjährige zu entwickeln. Verlockend. Unwiderstehlich.

Sie hörte ausdruckslos zu. Kein Kind von ihr würde jemals ein so wunderbares Abzeichen tragen. Sie spürte, wie überaus verletzlich sie war.

»Das wäre großartig.«

Sie sagte das so matt, dass er sie genauer ansah.

»Irgendwas stimmt nicht.«

»Alles in Ordnung.«

Stirnrunzelnd erinnerte er sich an die Frage, die er noch gar nicht gestellt hatte: »Warum bist du am Schluss gleich gegangen?«

Sie zögerte. »Weil es zu viel für mich war.«

»Als sie alle aufgestanden sind? Mich hat es auch fast umgehauen.«

»Nein, das letzte Lied.«

»Mahler.«

»Der *Weidengarten*.«

Er machte ein amüsiertes, ungläubiges Gesicht. Das hatte er sie und Mark schon ein Dutzend Mal spielen hören. »Wie das?«

Doch da war auch ein Funken Ungeduld in seinem Blick. Er wollte das Versprechen eines wunderbaren Abends erfüllen, ihre Ehe kitten, sie küssen, noch eine Flasche aufmachen, mit ihr ins Bett gehen, zur alten Ungezwungenheit zurückfinden. Sie kannte ihn gut, sie sah das alles, und wieder tat er ihr leid, aber wie aus großer Ferne.

Sie sagte: »Eine Erinnerung. Vom letzten Sommer.«

»Ja?« Sein Ton war nur verhalten neugierig.

»Ein junger Mann hat mir dieses Lied auf der Geige vorgespielt. Er war ein Anfänger. Er lag im Krankenhaus. Ich habe dazu gesungen. Ich glaube, es klang ziemlich schauderhaft. Dann wollte er es noch einmal spielen, aber ich musste gehen.«

Jack war nicht nach Rätselraten zumute. Er gab sich Mühe,

nicht allzu gereizt zu klingen. »Bitte noch mal von vorn. Von wem redest du?«

»Von einem sehr merkwürdigen und schönen jungen Mann.« Sie sprach wie abwesend, verstummte wieder.

»Und?«

»Ich habe eine Gerichtssitzung unterbrochen, um ihn am Krankenbett zu besuchen. Du erinnerst dich? Ein Zeuge Jehovas, schwerkrank, hat die Behandlung verweigert. Stand in der Zeitung.«

Wenn er daran erinnert werden musste, dann deshalb, weil er zu der Zeit in Melanies Schlafzimmer weilte. Sonst hätten sie über den Fall gesprochen.

Er sagte unerschrocken: »Ich glaube, ich erinnere mich.«

»Ich habe der Klinik erlaubt, ihn zu behandeln, und er wurde wieder gesund. Das Urteil hatte ... hatte eine starke Wirkung auf ihn.«

Sie standen wie vorhin links und rechts vom Kamin, der jetzt eine mächtige Hitze ausstrahlte. Sie starrte in die Flammen. »Ich glaube ... ich glaube, er hat Gefühle für mich entwickelt.«

Jack stellte sein leeres Glas ab. »Weiter.«

»Als ich auf meiner Gerichtsreise war, ist er mir nach Newcastle gefolgt. Und ich ...« Sie wollte ihm eigentlich nicht erzählen, was dort passiert war, aber dann überlegte sie es sich anders. Sinnlos, jetzt noch irgendetwas zu verheimlichen. »Er ist durch den Regen marschiert, um mich zu finden, und ... Dann habe ich etwas sehr Dummes getan. In dem Hotel. Ich weiß nicht, was mich ... Ich habe ihn geküsst. Ich habe ihn *geküsst*.«

Er trat einen Schritt von der Hitze des Kamins zurück, oder von ihr. Es kümmerte sie nicht mehr.

»Er war so ein reizender Junge«, flüsterte sie. »Er wollte bei uns einziehen.«

»Bei uns?«

Jack Maye war in den Siebzigern erwachsen geworden, inmitten all der geistigen Strömungen jener Zeit. Er hatte sein ganzes Berufsleben lang an einer Universität gelehrt. Mit den Paradoxien der Doppelmoral kannte er sich bestens aus, aber das half ihm jetzt auch nicht. Sie sah den Zorn in seinem Gesicht, seine Kiefermuskeln spannten sich, sein Blick wurde hart.

»Er dachte, ich könnte sein Leben ändern. Ich vermute, er wollte mich zu einer Art Guru machen. Er dachte, ich könnte ... er war so ernst, so gierig nach Leben, nach allem. Und ich habe ...«

»Du hast ihn also geküsst, und er wollte mit dir leben. Was versuchst du mir gerade zu sagen?«

»Ich habe ihn weggeschickt.« Sie schüttelte nur den Kopf, brachte kein weiteres Wort heraus.

Dann sah sie Jack an. Er stand weit weg von ihr, breitbeinig, die Arme verschränkt, sein immer noch attraktives, gutmütiges Gesicht starr vor Wut. Aus seinem offenen Hemdkragen ringelte sich ein Büschel silbriger Brusthaare. Manches Mal schon hatte sie beobachtet, wie er die mit einem Kamm hochbauschte. Dass die Welt voller solcher Einzelheiten war, solcher winziger menschlicher Schwächen, drohte sie zu erdrücken. Sie musste den Blick abwenden.

Erst jetzt, als der Regen nachließ, bemerkten sie, dass er die ganze Zeit an die Fenster geprasselt hatte.

In diese tiefere Stille hinein fragte er: »Also, was ist passiert? Wo ist er jetzt?«

Sie antwortete leise und tonlos. »Ich habe es heute Abend von Runcie erfahren. Vor ein paar Wochen ist seine Leukämie wieder ausgebrochen, er musste ins Krankenhaus. Er hat die Bluttransfusionen verweigert, die man ihm geben wollte. Es war seine Entscheidung. Er war achtzehn, niemand konnte etwas tun. Er hat nein gesagt, seine Lunge hat sich mit Blut gefüllt, und er ist gestorben.«

»Er ist für seinen Glauben gestorben.« Die Stimme ihres Mannes war kalt.

Sie sah ihn verständnislos an. Und erkannte, dass sie noch nicht die richtigen Worte gefunden hatte, dass es noch so vieles gab, was sie ihm nicht erzählt hatte.

»Ich denke, es war Selbstmord.«

Sekundenlang sagte keiner von ihnen etwas. Sie hörten Stimmen, Lachen und Schritte unten auf dem Platz. Der Konzertabend ging zu Ende.

Er räusperte sich leise. »Warst du in ihn verliebt, Fiona?«

Die Frage gab ihr den Rest. Sie stöhnte entsetzlich auf, ein erstickter Schrei. »O Jack, er war doch nur ein Kind! Ein Junge. Ein wunderbarer Junge!« Und endlich brach sie in Tränen aus, stand am Kamin mit trostlos herabhängenden Armen und schluchzte, und er erschrak, als er seine stets so beherrschte Frau in diesem Zustand äußerster Verzweiflung sah.

Sie konnte nicht sprechen, nicht aufhören zu weinen, sie ertrug seinen Blick nicht mehr. Sie bückte sich, nahm ihre Schuhe und hastete auf Strümpfen aus dem Zimmer und durch den Flur. Je weiter sie sich von ihm entfernte, desto lauter weinte sie. In ihrem Schlafzimmer machte sie kein Licht, schlug die Tür hinter sich zu, fiel aufs Bett und barg ihr Gesicht in einem Kissen.

Als sie eine halbe Stunde später erwachte – im Traum war sie aus der Tiefe eine endlose, senkrechte Leiter emporgestiegen –, konnte sie sich nicht daran erinnern, eingeschlafen zu sein. Noch benommen, lag sie auf der Seite und sah zur Tür. Das durch den Spalt unten schimmernde Licht tröstete sie. Anders als die Bilder, die ihr vor Augen traten. Adam, der wieder erkrankte, der geschwächt zu seinen liebevollen Eltern zurückkehrte, mit den freundlichen Ältesten sprach, den Glauben wiederfand. Oder ihn als perfekten Deckmantel benutzte, um seinem Leben ein Ende zu setzen. *So soll er, der mein Kreuz ertränkt, mit eigner Hand sein Leben enden.* Im schwachen Licht sah sie ihn vor sich wie bei ihrem Besuch auf der Intensivstation. Das blasse schmale Gesicht, die dunklen Schatten unter den riesigen violetten Augen. Die belegte Zunge, seine Streichholzarme. So krank, so entschlossen zu sterben, so voller Charme und Leben. Wie er inmitten der losen Blätter mit seinen Gedichten im Bett lag, wie er sie bat, zu bleiben und ihr Lied noch einmal zu spielen, und sie ins Gericht zurückmusste.

Dort, im Gericht, hatte sie ihn mit der Autorität und Würde ihres Amtes vor dem Tod bewahrt und ihm »das ganze Leben und die ganze Liebe« in Aussicht gestellt. Und Schutz vor seiner Religion. Ohne Glauben – wie offen und schön und furchterregend musste ihm die Welt erschienen sein. Mit diesem Gedanken glitt sie in einen tieferen Schlaf und erwachte zehn Minuten später vom Singen und Schluchzen der Regenrinnen. Ob der Regen jemals aufhören würde? Sie sah seine einsame Gestalt auf der Einfahrt von Leadman Hall, er stemmte sich dem Sturm entgegen, fand im Dunkeln den Weg, hörte die Zweige knacken und fallen. In der Ferne leuchteten die Fenster des Hauses, und er wusste, dass sie da war. Zitternd stand er in einem Stallgebäude, unschlüssig, wartete auf seine Chance, mit ihr zu reden, riskierte alles, um was genau zu erreichen? Jedenfalls glaubte er, eine Frau von fast sechzig Jahren könne es ihm gewähren, eine Frau, die, abgesehen von ein paar übermütigen Eskapaden vor langer Zeit in Newcastle, in ihrem Leben nie etwas riskiert hatte. Sie hätte sich geschmeichelt fühlen sollen. Sie hätte ihm entgegenkommen sollen. Stattdessen hatte sie ihn, aus einem unverzeihlichen Impuls heraus, geküsst und dann weggeschickt. Und war dann selbst davongelaufen. Hatte seine Briefe nicht beantwortet. Hatte die Warnung in seinem Gedicht nicht entziffert. Wie schämte sie sich jetzt ihrer kleinlichen Ängste um ihren guten Ruf. Ihre Verfehlung lag jenseits der Reichweite jedes Disziplinarverfahrens. Adam hatte sich an sie gewandt, und sie hatte ihm nichts geboten, keinen Ersatz für seine Religion, keinen Schutz, dabei war das Gesetz eindeutig, sein Wohl hatte ihr als oberste Richtschnur zu dienen. Wie viele Seiten wie vieler Urteile hatte sie diesem Begriff gewidmet? Das Kindeswohl, das Wohlbefinden eines Kindes ist etwas Soziales. Kein Kind ist eine Insel. Sie hatte geglaubt, ihre Verantwortung ende an der Tür des Gerichtssaals. Aber wie sollte das gehen? Er war zu ihr gekommen, er wollte von ihr, was jeder will und was nur aufgeklärte Menschen – nicht das Übernatürliche – geben können: Sinn.

Als sie das Gewicht ein wenig verlagerte, war das Kissen an ihrer Wange nass und kalt. Jetzt ganz wach, schob sie es weg, um nach einem anderen zu greifen, und stieß zu ihrer Überraschung an etwas Warmes in ihrem Rücken, an einen

Körper. Sie drehte sich um. Jack lag da, den Kopf auf eine Hand gestützt. Mit der anderen schob er ihr die Haare aus den Augen. Eine zärtliche Geste. Im Licht, das aus dem Flur drang, konnte sie gerade noch sein Gesicht erkennen.

»Ich habe dir beim Schlafen zugesehen«, sagte er nur.

Nach einer Weile, einer langen Weile, flüsterte sie: »Danke.«

Dann fragte sie ihn, ob er sie immer noch lieben werde, wenn sie ihm die ganze Geschichte erzähle. Eine unmögliche Frage, denn noch wusste er so gut wie gar nichts. Er würde ihr wohl ihre Schuldgefühle ausreden wollen, vermutete sie.

Er legte ihr eine Hand auf die Schulter und drehte sie zu sich herum. »Natürlich.«

Sie lagen Auge in Auge im Halbdunkel, und während die große, vom Regen reingewaschene Stadt jenseits des Zimmers in ihre sanfteren nächtlichen Rhythmen zurückfand, und ihre Ehe holpernd in ihren gewohnten Gang, erzählte sie ihm mit fester, ruhiger Stimme von ihrer Scham, von der Liebe dieses wunderbaren Jungen zum Leben und von ihrem Anteil an seinem Tod.

Dank

Diesen Roman gäbe es nicht ohne Sir Alan Ward, ehemals Richter am Court of Appeal, einen Mann von großer Weisheit, funkelnder Intelligenz und Menschlichkeit. Ihren Ursprung hat meine Geschichte in einem Fall, den er 1990 als Richter am High Court, und einem weiteren, den er 2000 am Court of Appeal zu entscheiden hatte. Jedoch haben meine Figuren, ihre Ansichten, individuellen Eigenheiten und Umstände, keinerlei Bezug zu den an diesen beiden Verfahren beteiligten Personen. Großen Dank schulde ich Sir Alan für seine Auskünfte zu juristischen Details und zum Alltag eines Richters am High Court. Auch danke ich ihm, dass er sich die Zeit genommen hat, meinen ersten Entwurf zu lesen und mit Anmerkungen zu versehen. Für Ungenauigkeiten bin allein ich verantwortlich.

Eine wichtige Quelle für mich war außerdem ein glänzend formuliertes Urteil von Sir James Munby aus dem Jahr 2012, und auch hier gilt, dass meine Figuren frei erfunden sind und keinerlei Ähnlichkeit mit den an diesem Fall beteiligten Personen haben.

Ich danke Bruce Barker-Benfield von der Bodleian Library und James Wood von der Kanzlei Doughty Street für ihre Ratschläge. Hilfreich war auch die Lektüre von *Managing Without Blood*, der sorgfältigen und umfassenden Dissertation des Anwalts und Zeugen Jehovas Richard Daniel. Und wieder einmal stehe ich in der Schuld von Annalena McAfee, Tim Garton Ash und Alex Bowler und danke ihnen für ihre genaue Lektüre und ihre hilfreichen Hinweise.

Ian McEwan